Main

POETA EN GRANADA

POETA EN GRANADA

Ian Gibson

Paseos con Federico García Lorca

Barcelona • Madrid • Bogotá • Buenos Aires • Caracas • México D.F. • Miami • Montevideo • Santiago de Chile

1.ª edición: septiembre, 2015
1.ª reimpresión: septiembre, 2015

© Earl Company, S.A., 2015
    Autor representado por Silvia Bastos, S.L. Agencia literaria
    www.silviabastos.com
© Ediciones B, S. A., 2015
    Consell de Cent, 425-427 - 08009 Barcelona (España)
    www.edicionesb.com

Printed in Spain
ISBN: 978-84-666-5775-4
DL B 15907-2015

Impreso por LIBERDÚPLEX, S.L.
Ctra. BV 2249 km 7,4
Polígono Torrentfondo
08791 Sant Llorenç d'Hortons

Nota previa

Este libro está en íntima deuda con Richard Ford, autor de la más extraordinaria guía de España jamás escrita: *A Handbook for Travellers in Spain and Readers at Home* (Londres, John Murray, 2 tomos, 1845). Nótese la palabra *«handbook»*, literalmente «libro en mano». Se sobreentiende que se trata de un tomo de formato pequeño. En efecto, el de Ford, impreso a dos columnas, mide 11 × 17 cm. Nótese también lo de *«Readers at Home»* («lectores en casa»). Eran otros tiempos. Si bien no costaba mucho esfuerzo entonces llegar hasta la Península Ibérica desde Gran Bretaña —barcos había de sobra si se quería prescindir de Francia—, una vez dentro del territorio se amontonaban las dificultades para el viajero, sobre todo si era víctima de achaques o de nerviosismo. Ford y su editor se propusieron, pues, tener también en cuenta a aquellos lectores que a lo mejor nunca se arriesgarían a transitar por los caminos, llanuras, montañas y desfiladeros españoles, con sus ventas poco europeas y sus (exageradas) amenazas de bandoleros, pero que disfrutarían acompañando por ellos a un autor que parecía conocer cada rincón, cada retablo, cada refrán y cada receta culinaria de un país tan «romántico», tan casi oriental.

Ford ha sido mi fiel vademécum por la piel del toro. Nunca me ha fallado. Tiene una sed de aventuras digna de don Quijote, y si la iglesia, el cuadro o el puente existen todavía, su descripción de ellos sigue siendo la mejor. ¿Se impacienta a veces ante los que considera vicios o deficiencias de los españoles? Sí, pero en general prefiere insistir sobre sus virtudes.

Tuvo la inmensa suerte de poder pasar dos veranos en plena Alhambra, y su descripción de los palacios, patios y jardines del recinto árabe es inmejorable. Con el *Handbook* en la mano le he seguido paso a paso por esta Meca andaluza de los viajeros extranjeros del siglo XIX, maravillados ante su belleza (en la Bibliografía el lector encontrará la referencia de la más reciente edición española).

Teniendo en cuenta a Ford he intentado escribir tanto para el viajero que llega a Granada en busca de Lorca cuanto al lector «en casa» (en España, en América) que, por la razón o las razones que sean, no lo puede hacer todavía en persona. Puesto que vivimos en la era digital y existen tan asombrosos y nunca vistos medios de búsqueda como Google Earth y Google Street Level, me imagino que muchos peregrinos lorquianos ya van llegando a la ciudad tras haber recorrido virtualmente sus calles y sus alrededores. En este libro, de todos modos, hemos incluido planos para facilitar, sobre el terreno o lejos, el conocimiento de los lugares granadinos frecuentados por el poeta o mencionados en su obra.

Al final del libro se incluye información práctica, la más actualizada posible, sobre páginas web (Alhambra y Generalife; Museo-Casa Natal Federico García Lorca,

Fuente Vaqueros; Casa-Museo Federico García Lorca, Valderrubio; Huerta de San Vicente, Granada, etc.), librerías, entradas para el recinto árabe, etc., siempre sin olvidar que el tiempo, voraz, se puede encargar, en cualquier momento, de borrar lo previo, por lo cual más vale prevenir y hacer las comprobaciones y consultas necesarias antes de emprender el viaje.

Citas, fuentes, siglas

La mayoría de las citas de Lorca incluidas en este libro procede de la excelente edición de las *Obras completas* a cargo del lamentado Miguel García-Posada, Barcelona, Galaxia Gutenberg / Círculo de Lectores, 4 tomos, 1996. Siglas: I, II, III, IV.

Cuando se trata de otras fuentes lorquianas las indicamos en su momento.

Para la correspondencia se ha utilizado el magnífico *Epistolario completo*, edición de Andrew A. Anderson y Christopher Maurer, Madrid, Cátedra («Crítica y Estudios Literarios»), 1997. Sigla: *EC*.

En cuanto a las citas de otros autores, la paginación indicada corresponde a la del artículo o libro recogido en la Bibliografía

Creo que será útil para el lector tener aquí una relación de los principales textos en los cuales el poeta dilucida su «teoría» de Granada. Nos referiremos con frecuencia a ellos. En cada caso la edición citada es la de García-Posada. Cualquier admirador de Lorca deseoso de conocer la ciudad disfrutará mucho más su estancia si llega ya familiarizado con ellos:

Alocución al pueblo de Fuente Vaqueros, III, pp. 201-214.

Arquitectura del cante jondo, III, pp. 33-52.

Banquete de gallo, III, pp. 189-193.

Canciones de cuna españolas, III, pp. 113-131.

Cómo canta una ciudad de noviembre a noviembre, III, pp. 137-149.

Conferencia-recital sobre el Romancero gitano, III, pp. 178-185.

Fantasía simbólica, IV, pp. 39-41.

«Granada», en *Impresiones y paisajes,* IV, pp. 121-133.

Historia de este gallo, III, pp. 297-304.

Importancia histórica y artística del primitivo canto andaluz llamado «cante jondo», III, pp. 1.281-1.303.

Mi pueblo, IV, pp. 843-867.

Paraíso cerrado para muchos, jardines abiertos para pocos. Un poeta gongorino del siglo XVII, III, pp. 78-87.

Semana Santa en Granada, III, pp. 271-274.

Introducción

Federico García Lorca y Granada

> *Dale limosna, mujer,*
> *que no hay en la vida nada*
> *como la pena de ser*
> *ciego en Granada.*
>
> Francisco A. de Icaza
> (azulejo en la Alhambra)

> *Yo creo que el ser de Granada me inclina a*
> *la comprensión simpática de los perseguidos.*
> *Del gitano, del negro, del judío..., del morisco,*
> *que todos llevamos dentro.*
>
> Federico García Lorca,
> 1931 (III, 378)

Federico García Lorca gustaba de proclamar que era granadino. A veces, afinando más la puntería, explicaba que no vino al mundo en la capital de la provincia sino «en el corazón» de su hermosa Vega, y que era hijo de un rico terrateniente, Federico García Rodríguez, y de una maestra, Vicenta Lorca Romero. Estimaba haber heredado de él la pasión, de ella la inteligencia (III, 364).

«Amo en todo la sencillez —declaró—. Este modo de ser sencillo lo aprendí en mi infancia, allá en el pueblo. Porque yo no nací en Granada, sino en un pueblo llamado Fuente Vaqueros» (III, 555).

Pueblo situado a dieciocho kilómetros de la capital. El acontecimiento tuvo lugar el 5 de junio de 1898. El futuro poeta pasó los primeros once años de su vida en la feraz llanura regada por el Genil y su afluente el Cubillas, con solo un breve paréntesis escolar en Almería. No llegó a Granada con su familia hasta 1909 (aunque solía decir, para redondear, que fue en 1910). Resultaría ser fecha clave en su vida y simbólica en su obra: la pérdida del paraíso infantil y el inicio de una difícil adolescencia. Se aprecia, por ejemplo, en el maravilloso poema «1910 *(Intermedio)*», escrito desde la nostalgia experimentada en Nueva York:

Aquellos ojos míos de mil novecientos diez
no vieron enterrar a los muertos
ni la feria de ceniza del que llora por la madrugada
ni el corazón que tiembla arrinconado como un
                                    [caballito de mar.

Aquellos ojos míos de mil novecientos diez
vieron la blanca pared donde orinaban las niñas,
el hocico del toro... (I, 512)

La Vega aparece muy a menudo, nombrada de manera explícita, en la copiosa *juvenilia* lorquiana, siempre inseparable de la afamada ciudad que se asienta en su orilla este. Luego, pero ya más entre líneas, se percibe su influencia en sus tragedias rurales —*Bodas de sangre, Yerma, La casa de Bernarda Alba*—, que se nutren del lenguaje oído y asimilado durante su niñez.

Ante todo, Lorca es criatura del campo granadino. Las raíces de su sensibilidad y de su obra se hunden en la Vega de Granada y se congratulaba de ser un «poeta telúrico, un hombre agarrado a la tierra, que toda creación la saca de su manantial» (III, 613). En su conferencia sobre Góngora hizo una declaración muy explícita al respecto, subrayando lo que el lenguaje metafórico tanto del poeta cordobés como de él mismo debía a la cultura tradicional del Sur:

> En Andalucía la imagen popular llega a extremos de finura y sensibilidad maravillosas, y las transformaciones son completamente gongorinas.
> A un cauce profundo que discurre lento por el campo lo llaman un *buey de agua*, para indicar su volumen, su acometividad y su fuerza; y yo he oído decir a un labrador de Granada: «A los mimbres les gusta estar siempre en la *lengua* del río.» Buey de agua y lengua del río son dos imágenes hechas por el pueblo y que responden a una manera de ver ya muy cerca de don Luis de Góngora.   (III, 1.307)

Es muy interesante constatar que, entre los títulos anunciados como en preparación al final de su primer libro, *Impresiones y paisajes* (1918), Lorca incluye uno titulado *Tonadas de la Vega (Cancionero popular)*. Nunca se publicó pero el proyecto demuestra que ya, a los veinte años, era consciente de estar musicalmente en deuda para con su «patria chica» veguera.

La palabra «vega» procede de una voz muy antigua,

prerromana, y significa, según el diccionario etimológico de Joan Corominas, «terreno regable y a veces inundado». Me imagino que Lorca era consciente del renombre de la de Granada entre los poetas árabes, que la consideraban superior en extensión y fertilidad al hermoso valle de Damasco, la Guta (Ford, p. 108).

¿Cómo veía a Granada, cómo la sentía?

Las palabras que coloco al inicio de esta introducción son muy clarificadoras al respecto. El poeta se identifica desde sus escritos juveniles con la Granada ausente, la Granada «tomada» por los Reyes Católicos en 1492, la Granada traicionada y machacada por los cristianos —que conculcaron casi en seguida las capitulaciones acordadas con los musulmanes—, la Granada de la expulsión de los judíos, de la conversión forzosa y luego destierro de los ya designados, en sentido peyorativo, «moriscos», la Granada repoblada por gentes de otras regiones de España.

Habría que señalar que los judíos granadinos llevaban viviendo en Granada muchos siglos antes de la llegada de los árabes a la Península Ibérica en 711 después de Cristo. Lorca lo sabía, sin duda. Además creía que su segundo apellido era, precisamente, de origen hebreo (III, 487).

Lo terrible es que no queda ni un vestigio del barrio judío de Granada, situado más o menos donde hoy está El Realejo.

En declaraciones al gran diario madrileño *El Sol* en 1936, dos meses antes de su asesinato, fue preguntado por su opinión de la Toma. No se quedó en barras. «Fue un momento malísimo —escribió—, aunque digan lo contrario en las escuelas. Se perdieron una civilización admirable, una poesía, una astronomía, una arquitectura y una delicadeza únicas en el mundo, para dar paso a una ciudad pobre, acobardada; a una "tierra del chavico", donde se agita actualmente la peor burguesía de España» (III, 637).

Con ello reafirmaba la visión de la ciudad difundida por los románticos y viajeros del siglo XIX, encabezados por escritores como François-René de Chateaubriand (*Las aventuras del último Abencerraje*, 1826), Washington Irving (*Cuentos de la Alhambra*, 1832) o Victor Hugo, quien, sin haberla visitado nunca, incluyó en *Les Orientales* (1829) un poema, «Grenade», que no tardó en hacerse celebérrimo:

> *L'Alhambra! L'Alhambra! palais que les Génies*
> *Ont doré comme un rêve et rempli d'harmonies;*
> *Forteresse aux créneux festonnés et croulants*
> *Où l'on entend la nuit de magiques syllabes,*
> *Quand la lune, à travers les mille arceaux arabes,*
> *Sème les murs de trèfles blancs!...*[1]

No por nada Lorca le enviaría a su amigo José *Pepín* Bello una postal de la Alhambra y Sierra Nevada con el comentario de que Granada era «la más misteriosa y encantadora ciudad del mundo *musulmán*» (*EC*, p. 285).

Los románticos lamentaban, como luego Lorca, la

---

1. «Grenade», Hugo, I, pp. 660-663; esta cita, p. 662: «¡La Alhambra! ¡La Alhambra! palacio que los Genios / han dorado como un sueño y llenado de armonías; / fortaleza de almenas festoneadas y ruinosas / donde se escuchan por la noche sílabas mágicas, / cuando la luna, a través de mil arcos árabes, / ¡siembra las paredes de tréboles blancos!»

entrega de la ciudad a Fernando e Isabel en 1492, y no pocos recogían la famosa anécdota relacionada con el forzado abandono de la misma por el último rey moro, Boabdil (también conocido como el Rey Chico). Según ella, cuando, en su éxodo hacia el sur, la comitiva llegó al punto desde el cual se atisban por vez postrera las torres de la Alhambra, su madre, Aixa, le espetó: «Lloras como una mujer por algo que no supiste defender como un hombre.»

Se trata del lugar conocido como El Suspiro del Moro.

Sobre Boabdil Lorca dijo lo siguiente, fantaseando un poco, en su conferencia *Cómo canta una ciudad de noviembre a noviembre*: «El granadino ve las cosas con los gemelos al revés. Por eso Granada no dio jamás héroes, por eso Boabdil, el más ilustre granadino de todos los tiempos, la entregó a los castellanos, y por eso se retira en todas las épocas a sus diminutas habitaciones particulares decoradas por la luna» (III, 139).

Uno de sus primeros poemas se titula «Granada. Elegía humilde»:

Hoy, Granada, te elevas ya muerta para siempre
En túmulo de nieve y mortaja de sol,
Esqueleto gigante de sultana gloriosa
Devorado por bosques de laureles y rosas
Ante quien vela y llora el poeta español.
Hoy, Granada, te elevas guardada por cipreses
(Llamas petrificadas de tu vieja pasión).
Partió ya de tu seno el naranjal de oro,
La palmera extasiada del África tesoro,
Solo queda la nieve del agua y su canción.   (IV, 37)

Abandonó pronto este registro, pero seguiría fiel a su concepto de Granada como ciudad «ya muerta para siempre», de alma ausente.

En las cartas a sus amigos se queja a veces con dureza del carácter de los granadinos actuales, descendientes de los repobladores, y los compara de manera desfavorable con otros andaluces. En 1925 le escribió a su amigo Melchor Fernández Almagro:

> Granada es horrible. Esto no es Andalucía. Andalucía es otra cosa ... está en la gente ... y aquí son gallegos. Yo, que soy andaluz y requeteandaluz, suspiro por Málaga, por Córdoba, por Sanlúcar la Mayor, por Algeciras, por Cádiz auténtico y entonado, por Alcalá de los Gazules, por lo que es *íntimamente* andaluz. La verdadera Granada es la que se ha ido, la que ahora aparece muerta bajo las delirantes y verdosas luces de gas. La otra Andalucía está viva; ejemplo, Málaga. (*EC*, p. 301)

«Granada la que suspira por el mar»: así la define en su poema «Gráfico de la petenera» (I, 321). Y en sus comentarios al *Romancero gitano* señala cómo, para mucha gente, el «Romance sonámbulo» expresa «el ansia de Granada por el mar, la angustia de una ciudad que no oye las olas y las busca en sus juegos de agua subterránea y en las nieblas onduladas con que cubre sus montes» (III, 182).

El hecho es que, si bien Granada dista tan solo unos sesenta kilómetros del Mediterráneo en línea directa, la gigantesca mole de Sierra Nevada y sus estribaciones están en medio, destacándose desde cualquier punto de la ciudad su segunda cumbre más alta, el cónico y negro Picacho de la Veleta («El Veleta»).

Hasta allí subió el joven Federico con amigos en más de una ocasión. En una de ellas vio, allí abajo, «toda la Vega como una pimienta» (*EC*, p. 28). Lo que no sabemos es si alguna vez tuvo la suerte de atisbar desde tan alta atalaya las montañas de África. Más bien parece que no. Yo tampoco la he tenido y lo lamento.

Entonces era una odisea llegar desde Granada por carretera a Motril o Almuñécar, dado el escarpado carácter orográfico del terreno, y no había ferrocarril. Hoy hay autopista y el trayecto, antes penosísimo, se hace en nada.

En cuanto a Málaga, donde su familia solía pasar unas semanas cada verano, la adoraba, mientras, en su concepto, Sevilla, puerto como ella —gracias al Guadalquivir—, poseía una vitalidad negada a Granada. En su conferencia sobre Pedro Soto de Rojas lo dijo con énfasis contundente:

> Granada ama lo diminuto. Y en general toda Andalucía. El lenguaje del pueblo pone los verbos en diminutivo. Nada tan incitante para la confidencia y el amor. Pero los diminutivos de Sevilla y los diminutivos de Málaga son gracia y ritmo, nada más. Sevilla y Málaga son ciudades en las encrucijadas del agua, ciudades con sed de aventura que se escapan al mar. Granada, quieta y fina, ceñida por sus sierras y definitivamente anclada, busca a sí misma sus horizontes, se recrea en sus pequeñas joyas y ofrece en su lenguaje su diminutivo soso, su diminutivo sin ritmo, y casi sin gracia si se compara con el baile fonético de Málaga y Sevilla, pero cordial, doméstico, entrañable. Diminutivo asustado como un pájaro, que abre secretas cámaras de sentimiento y revela el más definido matiz de la ciudad.   (III, 79)

Granada ceñida por las sierras que la rodean: la puntualización no podría ser más acertada.

El diminutivo en cuestión suele ser -*ico* (la expresión «¡Qué bonico!» es habitual por estos pagos).

En *Cómo canta una ciudad de noviembre a noviembre* volvió a comparar a Granada con Málaga y Sevilla y se fijó también en Cádiz:

> Granada está hecha para la música porque es una ciudad encerrada, una ciudad entre sierras donde la melodía es devuelta y limitada y retenida por paredes y rocas. La música la tienen las ciudades del interior. Sevilla y Málaga y Cádiz se escapan por sus puertos y Granada no tiene más salida que su alto puerto natural de estrellas. Está recogida, apta para el ritmo y el eco, médula de la música. (III, 139)

«¡Ay, muchacha, muchacha, / cuánto barco en el puerto de Málaga!», se exclama en «Canto nocturno de los marineros andaluces» (I, 477-478). Lorca no podía ignorar que en tiempos de los árabes la ciudad, antaño *emporium* griego, era el puerto de Granada.

Sevilla, siguió diciendo en la misma conferencia, es (como sabe todo el mundo) la ciudad de Don Juan, la ciudad del amor. Granada, no. Y si la capital andaluza «culmina en Lope y en Tirso y en Beaumarchais y en Zorrilla y en la prosa de Bécquer, Granada culmina en su orquesta de surtidores llenos de pena andaluza y en el vihuelista [Luis de] Narváez y en Falla y Debussy» (III, 140).

En otro momento de la conferencia se le ocurrió decir: «El agua de Granada sirve para apagar la sed. Es agua viva que se une al que la bebe o al que la oye, o al que desea morir en ella. Sufre una pasión de surtidores para quedar yacente y definitiva en el estanque» (III, p. 138).

Nada que ver, pues, con el agua marina de Málaga o Cádiz.

En su poemilla «Baladilla de los tres ríos» logró, en poquísimos versos, confrontar de manera inolvidable a Granada y Sevilla a través de sus respectivos ríos (I, 305-306). Y, claro, ¿cómo pueden competir el Darro, con un recorrido de apenas veinte kilómetros, y el Genil —también menguado en su tramo granadino inicial— con el Guadalquivir, el «Gran Río» de Andalucía que, desde el puerto de Sevilla, sirvió de camino para el tráfico marítimo que iba y venía entre América y España tras el llamado Descubrimiento?

En el verano de 1924 el poeta le dijo en una carta a Melchor Fernández Almagro que Málaga era la ciudad de Andalucía que más quería «por su maravillosa y emocionante sensualidad en carne viva» (*EC*, p. 240). A Falla le mandó un abrazo «desde este paraíso de Andalucía» (*EC*, p. 295).

De todas sus referencias a la ciudad, y hay bastantes más, mi predilecta viene en una carta al pintor Benjamín Palencia, donde le asegura que, nada más llegar a ella, el dios Dionisios «te roza la cabeza con sus cuernos sagrados y tu alma se pone color de vino» (*EC*, p. 293). De vino tinto, por supuesto.

Granada, en resumidas cuentas, es una ciudad de entorno bellísimo pero física y sociológicamente encerrada. Ciudad difícil donde, una vez asentada su breve carrera, le habría sido imposible seguir de manera permanente. «Yo estoy triste, como puedes suponer —le escribió a Fernández Almagro en 1926—. Granada es odiosa para vivir en ella. Aquí, a pesar de todo, me *ahogo*» (*EC*,

p. 384). Aquel mismo año les confesó a sus padres desde Madrid: «Yo estoy decidido a no *encerrarme* en Granada, pues Granada lo es para mí todo en este mundo porque allí estáis vosotros, que es en definitiva lo único que me importa, y allí trabajo a gusto, pero no puedo estar constantemente en aquel ambiente *mortal* para mi vida y mi situación» (*EC,* p. 346).

De todo cuanto escribió acerca de la ciudad y sus habitantes, la mencionada conferencia sobre el poeta granadino Pedro Soto de Rojas (1585-1658) es, no creo equivocarme, el texto fundamental. Se trata de un análisis del largo poema *Paraíso cerrado para muchos, jardines abiertos para pocos,* en cuyo título descubre la definición más certera de la Granada interior, la Granada de los típicos cármenes de las colinas de la Alhambra y del Albaicín. Meditando sobre Soto de Rojas identifica en lo que llama «la estética del diminutivo, la estética de las cosas diminutas» (III, 80) la esencia, raíz y meollo de la sensibilidad artística granadina, que rehúye lo grandioso y se refugia en la contemplación de lo pequeño, de lo interior. La tradición del arabesco alhambreño pesa, según el poeta, en todos los auténticos artistas de esta tierra. Otras expresiones de la misma tendencia son las virgencitas del escultor Alonso Cano (1610-1667), el «mirador de bellas y reducidas proporciones», «las delectaciones de cosas y objetos pequeñísimos» de fray Luis de Granada (1505-1558) en su *Introduccion al símbolo de la fe,* la cerámica del barrio de Fajalauza y el bordado. La ciudad, para Lorca, se siente ajena a los dos emblemáticos edificios erigidos por los vencedores. «Parece que Granada no se ha enterado de que en ella se levantan el palacio de Carlos V y la dibujada catedral —afirma en la misma conferencia—. No hay tradición cesárea ni tradición de haz de columnas. Granada todavía se asusta de su gran torre fría» (III, 80). El granadino, sigue observando, tiene solo unos pocos amigos y, en vez de experimentar el deseo de triunfar en el mundo, allí fuera, prefiere contemplar desde su ventana —se sobreentiende que de un carmen— la naturaleza espléndida que le rodea. Granada es «una ciudad para la contemplación y la fantasía», una ciudad alta y aislada sin sed de aventuras, «llena de iniciativas pero falta de acción». Solo en una ciudad así, «ciudad de ocios y tranquilidades», puede haber «exquisitos catadores de aguas, de temperaturas y de crepúsculos» (III, 81-82).

Inventó a uno de tales catadores muy fino, Don Alhambro, protagonista de su estupenda *Historia de este gallo*. El personaje vuelve de Londres en 1830 con ganas de conocer mejor su propia ciudad y de fundar una revista moderna. La indolencia circundante acaba pronto, sin embargo, con el meritorio proyecto: «Fue una lástima. Pero en Granada el día no tiene más que una hora inmensa, y esa hora se emplea en beber agua, girar sobre el eje del bastón y mirar el paisaje. No tuvo materialmente tiempo» (III, 302). De modo que, acabado aquel sueño, Don Alhambro se convierte en «un excelente catador de agua. El mejor y más documentado catador de agua de esta Jerez de las mil aguas» (III, 297).

Todos los granadinos auténticos, según Lorca, poseen, como Don Alhambro, el «germen contemplativo» (III, 190).

Cien años antes, Richard Ford, que vivió dos veranos en plena Alhambra, en 1831 y 1833, conoció a un médico que le dijo que subía muy poco porque el esfuerzo siempre le cogía «muy cansado». El inglés se quedó estupefacto al enterarse de que no se trataba de un caso aislado. «Pocos granadinos van a visitarla o comprenden el interés total, la devoción concentrada que despierta en el forastero —escribió en su famoso *Manual para viajeros en España*—. La familiaridad ha dado lugar en ellos al menosprecio con que el beduino contempla las ruinas de Palmira, insensible a su presente belleza tanto como a su pasada poesía y aventura» (p. 101).

En su conferencia sobre Soto de Rojas Lorca resume así su manera de entender la ciudad: «Granada es como la narración de lo que ya pasó en Sevilla. Hay un vacío de cosa definitivamente acabada» (III, 83). Es curioso constatar cómo en su obra de teatro más granadina, *Doña Rosita la soltera*, cuya acción se desarrolla en un carmen del Albaicín, el Tío se expresa con términos casi idénticos: «Llega un momento en que las personas que viven juntas muchos años hacen motivo de disgusto y de inquietud las cosas más pequeñas, para poner intensidad y afanes en lo que está definitivamente muerto» (II, 550). Sin duda la visión lorquiana de la ciudad es de una melancolía desoladora. Y podríamos aventurar que la Granada que aflora en su obra, no siempre de modo explícito, es, también, una proyección de su propio ser más íntimo, del lado oscuro del radiante juglar que tuvo que llevar a cuestas toda la tragedia del amor que no podía decir su nombre en un ambiente intolerante e inquisitorial. Y quizá también, quién sabe, de una angustia venida de generaciones atrás.

¿Exageramos? No creo. Era aquella una sociedad inquisitorial, hipócrita, machista y cruel hacia los que no respetaban las convenciones. En su homenaje a la pintora María Blanchard se desahogó así:

Quien ha vivido, como yo, y en aquella época, en una ciudad tan bárbara bajo el punto de vista social como Granada cree que las mujeres o son imposibles o son tontas. Un miedo frenético a lo sexual y un terror al «qué dirán» convertían a las muchachas en autómatas paseantes, bajo las miradas de esas mamás fondonas que llevan zapatos de hombre y unos pelos en el lado de la barba.   (III, 133)

En el siglo XIX Granada se conocía a menudo como «La Ciudad de los Cármenes». Ya he mencionado de pasada estas casas que pueblan sus escarpadas colinas y que, en todo el territorio español, solo se dan aquí.

La palabra procede del árabe *karm*, «viñedo» (no del latín *carmen*, canción, como a menudo se cree). Los cármenes tienen —es su *sine qua non*— un jardín interior protegido por altas tapias o paredes de las miradas ajenas. Son Alhambras en miniatura, con macetas de geranios, árboles frutales y juegos de luz, agua y sombra. Y, siempre, un mirador desde el cual contemplar algo de lo que pasa fuera.

Rubén Darío, maestro poético del joven Lorca, escribió unas vibrantes páginas al respecto en su librito de viajes, *Tierras solares*, publicado en 1904. Había visitado Granada, añorada desde su infancia, tres años antes. Anduvo solo, extasiado, por las estancias vacías de los palacios árabes. Era febrero, llovía y apenas había turistas. Desde las murallas de la fortaleza nazarí observó con arrobo el caserío del Albaicín en frente, y dejó correr su fantasía: «Jóvenes enamorados, parejas dichosas de todos los puntos de la tierra: si sois ricos, venid a repetiros que os amáis, en el tiempo de la primavera, a un carmen granadino; y si sois pobres, venid en alas de vuestro deseo, en el carro de la ilusión, en compañía de un poeta favorito ...» (p. 903).

Yo estoy convencido de que Lorca conocía aquellas páginas, leídas, quizás, en el ejemplar del libro que tenía Manuel de Falla. «Me gusta Granada con delirio —escribió a Fernández Almagro en 1924— pero para vivir en otro plan, vivir en un carmen, y lo demás es tontería. Vivir cerca de lo que uno ama y siente. Cal, mirto y surtidor» (*EC*, p. 245).

Así, sucintamente: «cal, mirto y surtidor». No se puede concebir un carmen que no sea blanco. El color lo dan la maceta de geranios, la buganvilla que cubre el muro de la calle, quizás un rosal. Y si el poeta especifica «mirto» (arrayán en árabe) es por ser el arbusto ornamental por excelencia de la Alhambra.

Para apreciar la Granada de Lorca, es imprescindible pasar por lo menos un par de horas en el jardín de un carmen. En este sentido la visita al de Falla reviste, creo, de un interés muy especial.

«Granada tiene dos ríos, ochenta campanarios, cuatro mil acequias, cincuenta fuentes, mil y un surtidores y cien mil habitantes», contabilizó el poeta, no sin humor, en su mencionada conferencia *Cómo canta una ciudad de noviembre a noviembre* (III, 138). Son, claro, el pequeño Darro, que corre entre el Albaicín y la Alhambra, y el mucho más ambicioso Genil, con el cual se junta al otro lado de la ciudad.

Ambos aparecen nombrados con frecuencia en la *juvenilia*, donde hay, además, un largo poema, «El Dauro y el Genil», dedicado específicamente a ellos. Lorca, como se ve, prefiere la etimología popular del primero, por su alusión al hecho de ser aurífero, aunque poco (lleva «estrellas de oro / en los grises muertos de su turbia arena»). Los dos ríos son, para el poeta principiante, «hermanos de agua con almas distintas», y si el ciprés es el árbol por antonomasia' del Darro, el Genil es «el río del chopo» (IV, 394-399).

La tenaz afición de los granadinos al agua, se ha sugerido, es legado directo de los árabes que, procedentes de los desiertos de África, encontraron aquí, gracias a Sierra Nevada, todos los elementos necesarios para crear un oasis. Las múltiples modalidades acuáticas de la ciudad y de la Vega, tanto las superficiales como las subterráneas, se reflejan en un rico vocabulario: a los surtidores, fuentes, aljibes y acequias que pueblan la obra de Lorca podemos añadir azarbes, azacayas, azudes, cauchiles, albercas, cascadillas, pilarillos... En definitiva, si es, entre otras muchas cosas, poeta del agua, ello se debe al hecho de ser granadino... granadino de Fuente Vaqueros, primero, y luego de la capital del antiguo reino.

El verano granadino es de un calor a veces asfixiante y, según Lorca, en una carta escrita justo después de padecer los rigores estivales de 1928, constituye «la peor hora de esta ciudad» (*EC*, p. 591). En *La casa de Bernarda Alba* —cuya acción se inspira en el segundo pueblo de su infancia, Asquerosa (rebautizado en 1943, por malsonante, Valderrubio)— Martirio exclama: «Estoy deseando que llegue noviembre, los días de lluvia, la escarcha, todo lo que no sea este verano interminable» (II, 611).

Lorca, como Martirio, prefería la Granada otoñal, la Granada donde, hacia finales de septiembre, con las primeras lluvias, la gente empieza a respirar otra vez (aunque es verdad que por las noches refresca incluso durante la canícula).

Nada, entonces, como la melancolía de las choperas tan típicas de la comarca. «*Graná* está maravillosa, toda llena de oro otoñal —escribió en 1919 a su amigo el músico Ángel Barrios—. Me he acordado mucho de ti en los paseos que he dado a través de la Vega, porque todos los sitios están indescriptibles de color y de tristeza» (*EC*, p. 62). Dos años después es Fernández Almagro quien recibe la confidencia: «Estoy deseando de marcharme y, sin embargo, no quisiera partir hasta que todo no estuviera dorado. Los valles del Darro y del Genil en esta época otoñal son las únicas sendas de este mundo que nos llevarían al país de *Ninguna parte*, que debe estar entre aquellas nieblas de rumor» (*EC*, p. 131). En un trozo de carta dirigida a otro amigo, Eduardo Rodríguez Valdivieso, evocaba desde Madrid, ya en los años treinta, el otoño granadino:

> En Madrid hace un Otoño delicioso. Yo recuerdo con lejana melancolía esas grandes copas amarillas de los viejos árboles del Campillo, y esa solitaria plaza de los Lobos llena de hojas de acacia, y ese divino y primer viento frío que hace temblar el agua de la fuente que hay en Plaza Nueva. Todo lo que es la Granada de mi sueño y de mi soledad, cuando yo era adolescente y nadie me había amado todavía.   (*EC*, pp. 745-746)

¿Y los gitanos de Granada, que desde el siglo XV y hasta bien entrado el XX habitaban las cuevas del Sacromonte? Parece indudable que para Lorca, que les conocía bien, representaban algo así como una pervivencia en el tiempo del espíritu de la ciudad antes de la Toma. Recordemos la cita con la que iniciamos estas páginas: allí el poeta incluye a los gitanos en la lista de gentes marginadas y perseguidas con las cuales él se identifica como granadino. Los del *Romancero*, más que figuras de carne y hueso, simbolizan la Granada derrotada en 1492; y también, por extensión, y más allá de localismos, la libertad humana embestida, donde sea que se encuentre, por las fuerzas del mal.

Acerca de ellos le hizo una declaración muy aclaratoria, en 1931, al periodista Gil Benumeya:

> El *Romancero gitano* no es gitano más que en algún trozo al principio. En su esencia es un retablo andaluz de todo el andalucismo. Al menos como yo lo veo. Es un canto andaluz en el que los gitanos sirven de estribillo. Reúno todos los elementos poéticos locales y les pongo la etiqueta más fácilmente visible. Romances de varios personajes aparentes, que tienen un solo personaje esencial: Granada...   (III, 379)

Como Lorca tenía el don de la música también, era inevitable que le conmoviesen los cantes gitanos, que había oído primero en Fuente Vaqueros, donde siempre hubo una considerable población calé. Con todo, si no llega Manuel de Falla a Granada en 1919 y se desarrolla entre ambos una relación de amistad y mutuo respeto, quizás aquella afición no hubiera pasado a mayores. Con el gaditano a su lado, empezó a bucear en esta música de raíces orientales tan impregnada de pena. Y nació entre los dos, con la colaboración de otros amigos, el proyecto del Concurso de Cante Jondo, celebrado en la Alhambra en 1922. De ahí, *Poema del cante jondo*, la conferencia sobre el mismo tema y «Romance de la pena negra», protagonizado por la gitana Soledad Montoya.

Me parece importante resaltar que Granada no debe su nombre, como se suele creer, a la hermosa fruta así llamada en español, sino a un topónimo muy antiguo, prerromano, *Karnattah* o *Garnata*, de significación incierta y quizá de raíz púnica. Cuando la ciudad fue tomada por Fernando e Isabel prevaleció la etimología popular al constatar sus nuevos dueños la proliferación del granado en los jardines y huertas árabes de la misma (debido al hecho de ser el frutal por excelencia del Paraíso coránico). Convertida en símbolo oficial del reino cristiano, la granada se añadió al escudo real. Cabe deducir que favoreció su incorporación la coincidencia de que, caída su hermosísima flor bermellón, los puntiagudos sépalos del cáliz se van abriendo para figurar una llamativa corona invertida.

Richard Ford comenta que, de haber querido los árabes dar el nombre de la granada a la ciudad, hubiesen utilizado el que les proporcionaba su propio idioma, *Romman*. Le entusiasmó descubrir que los granadinos comían todavía una ensalada, conocida como *ensalada romana*, hecha con los suculentos granos de la fruta (p. 109).

Al recibir el encargo de diseñar una entrada monumental a la Alhambra, Pedro Machuca, discípulo de Miguel Ángel y arquitecto del palacio de Carlos V, decidió adornar su frontón, centrado por el escudo del emperador, con tres enormes ejemplares, medio abiertos, de la simbólica fruta. Se trata de la hoy conocida Puerta de las Granadas, situada en la empinada cuesta de Gomérez, que arranca en Plaza Nueva.

Hoy no se puede dar un paso por la ciudad sin tropezar en seguida con representaciones de la granada. Figura en todos los rótulos callejeros de cerámica —la famosa cerámica azul y verde del barrio albaicinero de Fajalauza—, en los célebres empedrados de la ciudad (con su mezcla de guijos blancos y negros), en las bocas de riego y hasta en los innumerables bolardos instalados en filas, como soldados diminutos, para impedir el indebido aparcamiento de coches en las aceras. En medio de Puerta Real, epicentro de la ciudad, el Ayuntamiento ha plantado un granado que, en mi última visita, ya prometía una cosecha abundante. La insistencia sobre la etimología popular y errónea del nombre de la ciudad es, pues, absoluta. ¡Granada está llena de... granadas!

El nombre procede del latín *malus granata*, o sea «fruta llena de granos». Y se entiende porque, cuando en otoño se empieza a abrir su dura coraza protectora, revela dentro centenares de semillas repletas de zumo rojo. ¿Quién fue el primero en intuir, contemplándola así, la posibilidad de fabricar un pequeño artefacto metálico, redondo como ella, que cupiera en la mano como una pelota y llevara en sus entrañas semillas *mortíferas*? No lo he podido descubrir, pero hay que reconocer la genialidad del invento. Desde entonces, la granada (en inglés y francés *grenade*) ha causado muchos estragos en el mundo.

Por otro lado habría que tener en cuenta las connotaciones eróticas de la granada, relacionada de manera estrecha, en la cultura grecorromana, con Afrodita o Venus, diosa del amor, quien, según uno de sus mitos, se la regaló al pueblo de Chipre nada más poner los pies en tierra tras su nacimiento de la espuma del mar. Hay incluso quienes mantienen que la fruta prohibida del Edén, no especificada en el Génesis, fue en realidad, más que manzana, una granada. ¡Quién sabe!

Un poema del joven Lorca, «Canción oriental» (1920), demuestra que conocía la relación de la fruta con la diosa. Termina así:

¡Oh granada abierta!, que eres
Una llama sobre el árbol,
Hermana en carne de Venus,
Risa del huerto oreado.
Te cercan las mariposas
Creyéndote sol parado,
Y por miedo de quemarse
Huyen de ti los gusanos...   (I, 143-144)

El poema, pese a insistir sobre la equivalencia zumo rojo / sangre, hasta alegar que la granada es «la idea de sangre, encerrada / en glóbulo duro y agrio», no alude para nada, sin embargo, a la bomba de mano homónima. Otras referencias en la obra del poeta sugieren que podía estar al tanto. En la temprana *Comedia de la carbonerita*, por ejemplo, hay un personaje que anuncia que viene «destrozado» porque acaba de ver «todas las cabezas abiertas como granadas» (IV, 1023). Y en el romance «Reyerta» se lee:

Juan Antonio el de Montilla
rueda muerto la pendiente,
su cuerpo lleno de lirios
y una granada en las sienes.   (I, 419)

Hoy, en Madrid, cuando sufro un ataque de nostalgia alhambreña, algo que me ocurre con frecuencia, me voy al Jardín Botánico y visito al viejo granado, cerca de la entrada, con el cual me he ido familiarizando a lo largo de los años hasta el punto de considerarme casi amigo suyo. Contemplarlo siempre me produce una intensa satisfacción, sobre todo durante los meses de verano cuando, un año más, han brotado sus bellas flores bermellón y el suelo está alfombrado con las pequeñas frutas rojas, con su corona puesta, que no han llegado a cuajar.

¿Cómo era la voz de Lorca? Parece mentira que no se haya encontrado ninguna grabación sonora del poeta de su generación que más recitaba en público, que más iba a la radio, que más conferencias diera en España y en las Américas. Estoy convencido de que un día aparecerá, a lo mejor en Buenos Aires. No quisiera morirme sin oírla. Entretanto sabemos, por diversos testimonios, que se notaba en seguida no solo que era andaluz sino granadino. Con el fino oído que tenía, y sus aptitudes de mimo, me imagino que hablaba según las exigencias del momento. Pero nadie puede disimular del todo el metal de su voz, y el de Lorca procedía de Granada, territorio donde la gente abre mucho las vocales.

Los periodistas que le entrevistaban pudieron constatar en seguida su origen. En 1933 uno de ellos anotó: «Su acento del sur, fuerte y dulce a la vez, sugestiona y emboba. Lorca cree en Arabia. Lorca es más árabe que andaluz» (III, 402). Otro dio fe de su «simpático y desgarrado ceceo andaluz...» (III, 410). «Su acento andaluz escamotea sílabas. Habla con vehemencia y rapidez», testimonió el argentino Pablo Suero (III, 437). Hablando de Falla un día, dijo «lo veremos en los altares» y ello, según el reportero, «con un rotundo acento andaluz que nos hace sonreír» (III, 450). Hubo quien tomó nota de su tendencia a tragarse unas eses (III, 455), de expresarse con «acento granadino» y de desparramar zedas (III, 583).

Total, hablaba, cuando le daban las ganas, y cargando a veces las tintas, como el *granaíno* hecho y derecho que era, y, cuando se precisaba un castellano muy claro, pues también. Pero para los entendidos, según me dijo su hermano Francisco, su voz siempre denunciaba de dónde venía.

No puedo terminar esta introducción sin mencionar al escritor y diplomático granadino Ángel Ganivet, que se suicidó en Riga en 1898, tirándose al río Duina a la edad de treinta y tres años, dos después de publicar su librito *Granada la bella*. Librito muy apreciado por Lorca, que declaró en 1935 que su autor era «el más ilustre granadino del siglo XIX» (III, 623).

En *Granada la bella* Ganivet expresa su preocupación ante los desmanes urbanísticos que se están cometiendo en la ciudad, donde ya prevalecen «la epidemia del ensanche» y «el amor a la línea recta». Aberraciones, a su juicio, en radical desacuerdo con el espíritu íntimo y recoleto de la ciudad. Lorca hizo suyo aquel *parti pris*. Ganivet, como él, cifraba en lo pequeño, en lo recatado, la auténtica personalidad del lugar. Y soñaba con una Granada que supiera armonizar lo mejor de sus costumbres y tradiciones con los requerimientos de la vida contemporánea. «Mi Granada no es la de hoy —afirma en la primera página del libro—: es la que pudiera y debiera ser, la que ignoro si algún día será» (p. 47).

Lorca y sus amigos le hicieron caso y procurarían, con su decisión y su ejemplo, que la Granada que «pudiera y debiera» ser se hiciera realidad. Lucharían, en definitiva, por crear, en frase del poeta, un «granadinismo universal» (*EC*, p. 458) y fundarían en 1928, a estos efectos, la revista vanguardista *gallo*.

Prueba de la admiración que les suscitaba su malogrado paisano es el hecho de que Melchor Fernández Almagro y Francisco García Lorca le dedicaron sendos estudios (editados, respectivamente, en 1925 y 1952).

A Lorca no le pasaría inadvertido que el escritor se había suicidado solo unos pocos meses después de que él naciera. En su temprana *Fantasía simbólica* pone en boca de Ganivet el siguiente elogio de Granada: «Yo soy el que ama a la ciudad romántica con amor de fuego. No la pude cantar, porque el agua de hielo me fascinó y me escondí en sus senos» (IV, 40).

Me parece incluso que nuestro poeta se consideraba hasta cierto punto sucesor espiritual del autor de *Granada la bella*.

En el prólogo de su primer libro, *Impresiones y paisajes* (1918), Lorca reivindica enfáticamente, sobre todo lo existente, la primacía de nuestro yo interno. Y, entre otras recomendaciones, insiste en que «es necesario ver por las plazas solitarias a las almas antiguas que pasaron por ellas» (IV, 51). He tenido en cuenta estas palabras. En muchos aspectos Granada ha cambiado muy a peor desde que vivió en ella el poeta, y ha crecido desmesuradamente. Pero podemos reconstruir la vivida por él con la ayuda de nuestra imaginación, por lo menos de manera parcial. Además no todo se ha perdido y a veces topamos de repente con algún olvidado rincón apreciado por el poeta y apenas modificado por el paso del tiempo.

Siempre estuvo fiel a Granada, pese a las críticas que de vez en cuando esbozaba acerca de la mentalidad de algunos de sus paisanos. En 1929, poco antes de viajar a Nueva York, dijo: «Si algún día, si Dios me sigue ayudando, tengo gloria, la mitad de esta gloria será de Granada, que formó y modeló esta criatura que soy yo: poeta de nacimiento y sin poderlo remediar» (III, 195).

Tuvo pronto gloria... gloria hoy universal. Creo que vale con creces la pena conocer mejor la patria chica que «formó y modeló» a un creador tan único, que tanto ha dado a su país y a la humanidad entera. Que ha dado... y que seguirá dando.

Paseo Uno

«Alhambra, jazmín de pena
donde la luna reposa»[1]

El acceso tradicional a la Alhambra, desde Plaza Nueva, es empinado aunque, tomando nuestro tiempo, con los descansos de rigor —hay bancos—, tampoco demasiado exigente.

Por esta cuesta, la de Gomérez, subían sin duda las muchachas de la copla popular incorporada por Lorca a *Doña Rosita la soltera*:

> *Granada, calle de Elvira,*
> *donde viven las manolas,*
> *las que se van a la Alhambra,*
> *las tres y las cuatro solas.*   (II, 538)

A ambos lados de la pendiente, antes de llegar a la Puerta de las Granadas, hay tiendas especializadas en productos locales, algunos de los cuales —taracea y bordado, por ejemplo— remiten a aquel primor y apego a lo pequeño en los que cifraba el poeta la auténtica personalidad de la ciudad.

1. *Doña Rosita la soltera*, II, p. 540.

La cuesta de Gomérez albergó, no sé durante cuánto tiempo, a los dos santos que más perdurable recuerdo han dejado en Granada: San Juan de Dios (1495-1550), fundador de la orden de los Hermanos Hospitalarios de Juan de Dios, y San Juan de la Cruz (1542-1591), uno de los poetas más admirados por Lorca, que recitaba sus versos entusiasmado a Salvador Dalí y Luis Buñuel y los cita en varias declaraciones. Ambos futuros santos vivieron en la noble casa que se encuentra justo delante de la Puerta de las Granadas, a la izquierda de la cuesta. En ella estableció el primero un pequeño hospital y residió el segundo a la espera de que se terminara más arriba —en el sitio hoy ocupado por el Carmen de los Mártires—, el convento de la orden de Carmelo del cual sería prior entre 1582 y 1588.

La Puerta de las Granadas, obra del arquitecto toledano Pedro Machuca, se levantó hacia 1546 en el sitio ocupado antes por una árabe.[2] Es de puro estilo renacentista. Centra su frontón el escudo imperial de Carlos V, con el águila bicéfala de los Habsburgos —alusión al doble Imperio austrohúngaro—, y lo coronan las tres granadas medio abiertas que le dan su nombre.

He aquí la linde entre la Granada urbana y la de ensueño. Alguien ha sugerido que el «Romance sonámbulo», que tanto fascinaba a Dalí, tal vez debía su inspiración, o parte de ella, al asombro que produce traspasar en primavera la maciza puerta y encontrarse de repente en el bosque de la Alhambra engalanado con hojas nuevas:

2. Cervera Vera, p. 11.

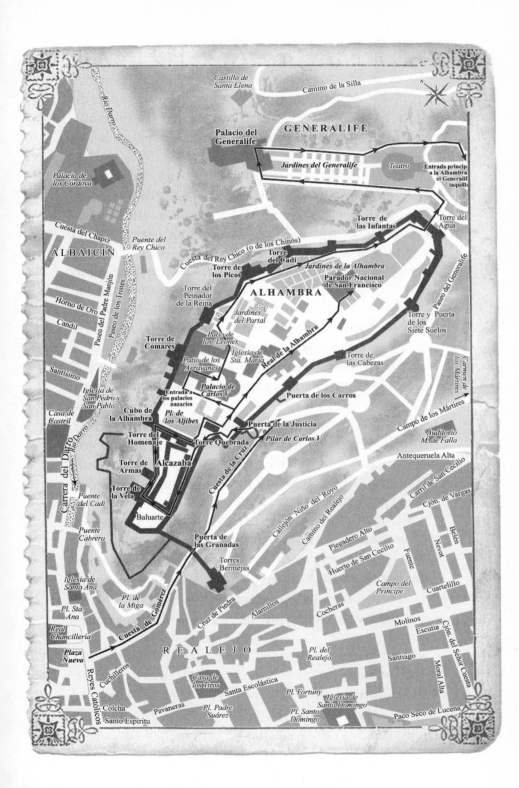

Verde que te quiero verde.
Verde viento, verdes ramas.
El barco sobre la mar
y el caballo en la montaña...   (I, 420)

Fue en la Puerta de las Granadas donde, en la primavera de 1829, Washington Irving conoció a Mateo Jiménez, «hijo de la Alhambra», que iba a ser su guía principal, a veces demasiado pegajoso, para todo lo relacionado con el recinto árabe y sus leyendas.

Numerosos escritores españoles y extranjeros han evocado este bosque encantado, pero ninguno con más admiración o exactitud que Théophile Gautier —uno de los autores más apreciados por Lorca y sus amigos— que estuvo en Granada en agosto de 1843. Describe el sendero que sube, a la izquierda de la avenida central, y se fija en la abundancia de agua que define el lugar:

El ruido del agua que murmura se mezcla con el ronco zumbido de cien mil cigarras o grillos cuya música no se silencia nunca y que forzosamente te recuerda, a pesar de la frescura del sitio, las ideas meridionales y tórridas. El agua brota por todas partes, bajo los troncos de los árboles, a través de las rendijas de los viejos muros. Cuanto más calor hace, más abundantes son los manantiales, pues es la nieve lo que los alimenta. Esta mezcla de agua, de nieve y de fuego, hace de Granada un clima sin comparación en el mundo, un verdadero paraíso terrenal.   (pp. 219-220)

Quizá sea en el silencio de las noches de primavera y verano cuando, mudas ya las cigarras y acostados los turistas, el bosque de la Alhambra revela su personalidad más honda. El poeta sevillano Manuel Machado lo entendía así y definió de modo magistral Granada —la Granada esencial— con solo cuatro palabras: «Agua oculta que llora.»

Antes de seguir subiendo la pendiente leamos la placa colocada en el muro detrás de la puerta de Machuca. Reproduce un texto del prolífico poeta modernista Francisco Villaespesa (1877-1936), nacido en la provincia de Almería, célebre en su día y hoy casi olvidado. En él se dirige a Al-Hamar, fundador de la dinastía de los nazaríes e iniciador de la construcción de la Alhambra, y lamenta la tragedia, dos siglos después, de los hijos desterrados de Granada «que, aún en la soledad del desierto, o a la luz de las estrellas» sueñan con su paraíso perdido.

En 1911, dos años después de llegar a Granada, el joven Lorca asistió al estreno de la obra dramática más famosa de Villaespesa, *El alcázar de las perlas*, cuyo tema gira en torno al mismo asunto. Tuvo lugar en el Teatro Isabel la Católica e hizo sensación. Algunos de sus versos adquirieron en seguida gran popularidad en la ciudad, especialmente la composición que empieza:

> *Las fuentes de Granada...*
> *¿Habéis sentido*
> *en la noche de estrellas perfumada*
> *algo más doloroso que su triste gemido?*
>
> *Todo reposa en vago encantamiento*
> *en la plata fluida de la luna...* (p. 52)

«Escribir mi tragedia como la hubiera escrito un árabe granadino fue mi único ideal», declaró Villaespesa (p. 12).

La frase, que ahora nos puede parecer bastante cursi, cuando no ridícula, demuestra hasta qué punto todavía imperaba en la ciudad, en 1911, un falso y decadente orientalismo. Lorca declaró, a raíz de la muerte del poeta, que si bien aquel estreno le había suscitado hacia Villaespesa «una corriente de ternura», esta no tardó en desaparecer.[3]

Se ha repetido hasta la saciedad que los famosos olmos del bosque de la Alhambra, hoy desaparecidos debido a la grafiosis, fueron plantados por «el duque de Wellington», sin especificar cuál (dichos duques tenían propiedades en la Vega de Granada). Pero no es cierto: ni el primero ni sus sucesores tuvieron nada que ver con la iniciativa. Menos mal, de todas maneras, que no solo había olmos en el bosque, que, gracias a sus altos castaños, plátanos y otras especies, sigue siendo lozano y hermoso.

Enfilando el caminito de la izquierda podemos empezar ahora nuestra subida al monumental Pilar de Carlos V (la vereda se llama Cuesta de la Cruz, sin duda por la que se levanta en su arranque, atribuida —consta en la inscripción— a un tal Leandro de Palencia).

Antes de llegar al pilar tropezamos con una estatua reciente —y bastante pobre— levantada en homenaje a Washington Irving. A ambos lados de la vereda baja presurosa el agua, según el día y la hora, sabiamente encauzada.

El Pilar de Carlos V, flanqueado por un macizo cubo defensivo, fue diseñado, como la Puerta de las Granadas, por Pedro Machuca. El cuerpo inferior de su largo frontal ostenta tres relieves con mascarones que representan, según unos, Verano, Primavera y Otoño, y, a juicio de

---

3. *Heraldo de Madrid*, 17 de abril de 1936, p. 2.

otros, los tres ríos de Granada: el Darro, el Genil y el Beiro (río fantasma que apenas tiene agua). Las pilastras extremas están adornadas con el escudo del I marqués de Mondéjar (a la vez II conde de Tendilla), primer alcaide de la Alhambra. Hay también dos estupendas granadas.

Se ha conservado una fotografía en la que se aprecia a Lorca sentado justo delante del mascarón central del pilar, bajo la cartela que reza con orgullo: «IMPERATORI CAESARI KAROLO QUINTO HISPANIARUM REGI» («Al Emperador César Carlos Quinto Rey de las Españas»). Le acompañan su hermano Francisco y dos amigos, Antonio Luna y Antonio Álvarez de Cienfuegos (ilustración 2).

Dando la vuelta al pilar subimos ahora hacia la masiva Puerta de la Justicia, terminada en 1348 por Yusuf I y llamada por los árabes Bib Axarea («Puerta de la Explanada»). Como nota curiosa señalo que la puerta metálica de dos hojas practicada en el muro izquierdo, cerca de la entrada árabe, da acceso (sin decirlo) a un espléndido y muy secreto carmen, el de los Catalanes, antes propiedad de la familia de Alfonso García Valdecasas, amigo de Lorca y uno de los fundadores de Falange Española en 1933.

Al otro lado de la explanada hay un pilar con dos chorros dedicado al autor de *Cuentos de la Alhambra* con la inscripción: «GRANADA A WASHINGTON IRVING 1859-1959.» Y no por nada, pues el libro es un *best-seller* perenne que atrae cada año a la ciudad a miles de turistas.

En la clave de mármol del inmenso arco de herradura de la Puerta de la Justicia se aprecia la palma de una mano erguida grabada en hueco, y que Lorca debió contemplar muchas veces. Según algunos es un amuleto para conjurar el mal de ojo, según otros un emblema del Corán, correspondiendo los cinco dedos a los preceptos fundamentales de la ley: unidad de Dios, oración, ayuno, limosna y peregrinación a La Meca.

En un nicho abierto encima del arco interior preside la entrada a la Alhambra una Virgen con el Niño colocada encima de una inscripción en árabe que dice, según Ford: «Que el Todopoderoso haga de esta [puerta] un baluarte protector e inscriba su [construcción] entre las acciones imperecederas del justo» (p. 112).

Debajo hay una llave acerca de cuyo simbolismo no parece haber acuerdo.

Sorteada la Puerta de la Justicia, con sus bruscos cambios de dirección defensivos, nos encontramos en un callejón que nos conduce a la Puerta del Vino, famosa gracias a Claude Debussy quien la evoca en su preludio del mismo nombre (hay una placa). Nunca había estado en Granada, y *La Puerta del Vino* debía su inspiración a una tarjeta postal. En 1927 Lorca le mandó a Sebastià Gasch una hay que suponer muy parecida. La Puerta del Vino, le dijo, fue el «sueño irrealizable» del compositor (*EC,* p. 523). Como una obra anterior, *La Soirée dans Grenade,* el preludio tiene un ritmo de habanera (también el primer movimiento de su cuarteto de cuerda).

Manuel de Falla había conocido a Debussy en París y cabe pensar que hablaría del compositor con Lorca, que admiraba su música para piano y gustaba de tocarla. En *La Puerta del Vino* y *La Soirée de Grenade,* dijo en su conferencia de 1922 sobre cante jondo, «están acusados, a mi juicio, todos los temas emocionales de la noche granadina, la lejanía azul de la Vega, la Sierra saludando al tembloroso Mediterráneo, las enormes púas de niebla clavadas en las lontananzas, el rubato admirable de la

ciudad y los alucinantes juegos del agua subterránea»
(III, 1.289).

Una maravillosa exageración, sin duda.

Todo estudioso de Lorca querrá conocer la música
«granadina» de Debussy, dada la importancia que tuvo
para él y Falla.

Y ya que estamos hablando de Debussy, mencione-
mos también a Isaac Albéniz. El compositor y pianista se
había enamorado en su juventud de la hija del Arquitecto
de la Alhambra. La Colina Roja y la Vega inspiraron varias obras suyas y, en 1908, un año antes de morir, le dijo
a Falla en París que su único sueño era volver a vivir en
Granada. Lorca y sus amigos le admiraban, y cuando el
poeta estuvo en 1935 en Barcelona, donde está enterrado,
le dedicó un soneto, «Epitafio a Isaac Albéniz», en el que
evoca a la Granada «acuática»:

> *Desde la sal de Cádiz a Granada,*
> *que erige en agua su perpetuo muro,*
> *en caballo andaluz de acento duro*
> *tu sombra gime por la luz dorada...*   (I, 638)

Al lado de la Puerta del Vino hay unas oficinas mo-
dernas dedicadas a la administración, baños, máquinas
dispensadoras de refrescos, etc. Aquí, antes, estaba la llamada «Casa del Arquitecto». Mora Guarnido recuerda
en su libro sobre Lorca que la peña «El Rinconcillo» colocó en su fachada, en homenaje a Albéniz, unos azulejos de cerámica de Fajalauza. Se han vuelto a poner en la
del nuevo edificio. La inscripción reza: «A Isaac Albéniz, que vivió en la Alhambra. Primavera de 1882.»

Volviendo a atravesar la Puerta del Vino nos encontramos en la plaza de los Aljibes, flanqueada por las to-

rres Quebrada y del Homenaje. En este espacio se celebró, el 13 y 14 de junio de 1922, el Concurso de Cante Jondo organizado por Falla, Miguel Cerón, Lorca y otros. Se encargó de la decoración el pintor vasco Ignacio Zuloaga y asistieron varios musicólogos e hispanistas extranjeros, entre ellos Kurt Schindler, director de la Schola Cantorum de Nueva York, y John Trend, admirador de Falla y luego Catedrático de Español en Cambridge.

También arribaron entonces a Granada para no perderse la fiesta numerosos músicos, artistas, periodistas y escritores españoles, entre estos Ramón Gómez de la Serna. La plaza de los Aljibes estuvo abarrotada las dos noches —se calculó que acudieron cuatro mil personas— aunque, durante la segunda velada, un fuerte chaparrón aguó sin piedad el certamen.

Trend, que había conocido a Lorca y Falla en Granada tres años antes, describió la escena en la revista londinense *The Athenaeum* (8 de julio de 1922):

> Adondequiera que uno dirigía los ojos había exquisitas figuras vestidas con alegres mantillas llenas de flores y con altas peinetas. Muchas mujeres se habían puesto las sedas y los rasos de otros tiempos y aparecieron vistiendo la moda de 1830 a 1840, de la España de Prosper Mérimée y de Théophile Gautier, de Borrow y de Ford.

Entre el público no faltaba Emilia Llanos, bella granadina muy admirada por Lorca, vestida de un traje rojo que hizo escándalo.

La gran sorpresa del concurso fue la actuación de Diego Bermúdez Calas, *el Tenazas*, cantaor de setenta años, casi olvidado de la afición, que, según se contaba, llegó a pie desde Puente Genil (odisea de tres días). Treinta años atrás había dejado de cantar profesionalmente, tras recibir una puñalada en el pulmón, pero, al enterarse del certamen que se organizaba en Granada, había sentido la comezón de participar. Y en Granada triunfó, cantando la primera noche con poderoso «duende». La segunda no le fue tan bien, pues aquel día bebió más de la cuenta, eufórico por su éxito de la velada anterior. Con todo, *el Tenazas*, si no se llevó el Premio de Honor del Ayuntamiento, declarado vacante, sí se embolsó las mil pesetas del Premio Zuloaga, suma considerable. Otro ganador destacado fue Manuel Ortega, *el Caracol*, que solo tenía once años y sería luego cantaor famosísimo.

En el quiosco de la plaza de los Aljibes, construido alrededor de un pozo, se vendía agua con azucarillo y aguardiente, célebre refresco local. Pero el enorme depósito que había debajo de la plaza, y que le dio su nombre, está hoy seco y el visitante no puede imitar a Lorca y al pintor Manuel Ángeles Ortiz, quienes, quizás en 1922, se fotografiaron aquí, el primero con un vaso en la mano (ilustración 3).

Se infiere que el poeta estaba al tanto de la hazaña del cabo de Inválidos José García quien, según la placa colocada en la muralla sur de la plaza, «con riesgo de perder la vida salvó de la ruina los alcázares y torres de la Alhambra en MDCCCXII». Y es que los franceses de Napoleón, antes de abandonar en 1812 la Alhambra, que habían convertido en cuartel, volaron varias torres de la fortaleza y habrían destruido más sin la valentía de García, que cortó las mechas encendidas de las minas. Bien por el tocayo del poeta.

Visitemos ahora la colindante Alcazaba.

Lo primero que hay que hacer, creo, una vez dentro, es subir al llamado «cubo» de la Alhambra, situado debajo de la Torre del Homenaje. Las vistas del Albaicín son extraordinarias. Bien lo sabía el poeta, que las describe, en términos acústicos, en *Impresiones y paisajes* (IV, 128-131). En noviembre de 1921 (parece que fue) tuvo, desde esta atalaya, una extraña sensación. «El Otoño convierte la Vega en una bahía sumergida —le escribió a Melchor Fernández Almagro—. En el cubo de la Alhambra ¿no has sentido ganas de embarcarte? ¿No has visto las barcas ideales que cabecean dormidas al pie de las torres? Hoy me doy cuenta, en medio de este crepúsculo gris y nácar, de que vivo en una Atlántida maravillosa» (*EC,* p. 131).

Tres años antes ya había tenido una intuición similar al imaginar que la luna convertía los fondos de la Vega en un mar o en un «lago azul brumoso» (IV, 132).

En deferencia a Washington Irving, hay que señalar que ya viera a la Vega, bajo los rayos del sol poniente, «tendida a lo lejos como un lago de oro» (p. 85).

Al iniciarse la Guerra Civil los rebeldes instalaron sobre el «cubo» un cañón y dispararon a gusto sobre el blanco facilísimo, situado en frente, del Albaicín —el único barrio donde hubo resistencia—, causando numerosas bajas.

Washington Irving, que tuvo la inmensa suerte de vivir dentro de la Alhambra, en 1829, observó que por la noche el Albaicín, con sus luces encendidas, parecía «el firmamento estrellado» (p. 110). Ford, un año después, cuando todavía no se había publicado el libro del norteamericano, tuvo una impresión parecida. Las luces brillaban como estrellas, «como si estuviéramos contemplando *desde arriba* el firmamento vuelto del revés» (p. 133).

Dicho fenómeno es, o era, conocido por los granadinos como el «Cielo Bajo», y Lorca pensó en un principio prestar este nombre al libro de poemas finalmente titulado *Suites* y nunca publicado en vida.[4]

La principal razón para penetrar en la Alcazaba, con todo, es la vista que se obtiene de día desde la Torre de la Vela.

«La Vela» es uno de los símbolos más famosos de la ciudad. Hay una copla muy conocida que expresa el amor que sienten los granadinos por su torre vigía, cuya campana antes regulaba la utilización nocturna de las acequias de regadío de la Vega (y que, según se dice, se podía percibir desde Loja, a treinta kilómetros de distancia):

> *Quiero vivir en Granada*
> *solamente por oír*
> *la campana de la Vela*
> *cuando me voy a dormir.*

En la prosa adolescente de Lorca ya mencionada, *Fantasía simbólica*, declama la campana de la Vela, refiriéndose a José Zorrilla: «Cuando sueno tan triste y muriente es porque lloro algo que se fue para siempre... Mi amada la ciudad fue cantada por un hombre tan enamorado de ella que llegué a tener celos de él» (IV, 39). Unos años después el poeta glosó, en la «gacela» titulada «Del amor que no se deja ver», la copla que acabamos de citar:

> *Solamente por oír*
> *la campana de la Vela*
> *te puse una corona de verbena.*

> *Granada era una luna*
> *ahogada entre las yedras...*

4. Véase nota de García-Posada a *Suites*, I, p. 892.

Granada se entregó a Fernando e Isabel el 2 de enero de 1492, izándose en la Torre de la Vela el pendón de Santiago. La efemérides se celebra aquí cada aniversario y es creencia popular que las muchachas que hacen sonar la campana ese día se casarán antes de que termine el año. A ello sin duda alude la «gacela» citada.

Desde la Vela —a la cual, en verano, hay que ascender preferentemente por la mañana temprano, o al atardecer, pues puede hacer un calor tremendo— las vistas son fabulosas, permitiendo un panorama de 360 grados de Granada y sus alrededores.

Hasta aquí gustaba de subir Richard Ford, quien evoca, con la precisión que le caracteriza, el glorioso espectáculo de la ciudad y su Vega, «guardada como un edén por una muralla de montañas». «Es una escena —añade— para ser pintada por artistas y cantada por poetas» (p. 114). Tenía razón. En la lejanía, hacia el Sudeste, apreciamos la Sierra de Alhama; en frente, al fondo, el barranco de Loja, donde el Genil se despide de la comarca; más a la derecha, la loma redonda de Parapanda, el barómetro de Granada (Ford recoge el dicho «Cuando Parapanda se pone la montera / llueve aunque Dios no quiera», o sea cuando la cubre una nube); Sierra Nevada, por supuesto, en toda su grandeza; y, más cerca ya de la ciudad, irguiéndose en el borde la Vega, la pelada Sierra Elvira. En fin, un panorama esplendoroso, aunque también es verdad que desde aquí se puede apreciar cómo se ha ido degradando la llanura, con las carreteras que la atraviesan, el ejército de naves y edificios altos que la han ido invadiendo, el aeropuerto y el crecimiento imparable de sus pueblos.

Volviendo a la plaza de los Aljibes tenemos ante nosotros la fachada principal del palacio de Carlos V. El emperador se había enamorado de la Alhambra en el verano de 1526, cuando pasaba aquí parte de su luna de miel con Isabel de Portugal, y no tardó en concebir el proyecto de erigir un vasto y simbólico edificio propio en su corazón. Las obras, nunca terminadas, empezaron al año siguiente.

Acerca de los méritos o desméritos del palacio imperial ha habido las más vivas polémicas. Los viajeros románticos lo encontraban en general monstruoso, y más, si cabía, al enterarse de que se habían destruido varios pabellones árabes para permitir su construcción (pagada forzosamente, además, por los moriscos). A Washington Irving le parecía «un arrogante intruso» (p. 62). La conclusión de Ford y Gautier era que, en otro contexto, habría sido aceptable, incluso grato. Pero que aquí desentonaba horriblemente.

A Lorca, con su teoría de la estética granadina —lo pequeño es lo bello—, no le podía gustar en absoluto. Ya hemos visto su opinión acerca de la catedral. En Granada, dijo en otro momento, «no hay tradición cesárea ni tradición de haz de columnas» (III, 80). La referencia, claro, iba por el «César» Carlos, en cuyo palacio hay un soberbio espacio circular de dos plantas con, precisamente, un extraordinario «haz de columnas».

Ello no le impidió dejarse fotografiar sentado, muy peripuesto, delante de la escena esculpida en el bajorrelieve que flanquea, inmediatamente a la derecha, la portada principal del edificio. Escena que alegoriza la Paz y la Abundancia (ilustración 5).[5]

5. *Carlos V y la Alhambra* (catálogo), pp. 291-292.

Como lección de historia española, pocas tan visuales y memorables como «el choque de Oriente con Occidente» expresado, según el poeta, en la yuxtaposición de la Alhambra y el palacio renacentista, ambos «rotos y llenos de fantasmas» (III, 141). En otra ocasión declaró que se trataba de la «pugna» de Oriente y Occidente que hacía de Andalucía «una isla de la cultura» (III, 43). Volvió al tema, unos meses antes de que lo matasen, en la charla radiofónica sobre la Semana Santa de su juventud. Había llegado a la conclusión de que los dos conjuntos de la Colina Roja, ambos ya sin vida, sostenían «el duelo a muerte» entre lo árabe y lo cristiano «que late en la conciencia del granadino actual» (III, 273).

En el palacio de Carlos V se celebró en 1889, nueve años antes del nacimiento de Lorca, la coronación, como «Poeta Nacional», de José Zorrilla. La estancia en la ciudad del autor de *Don Juan Tenorio* dio lugar a numerosas anécdotas. Una, que todavía se recuerda en la ciudad, contaba que, al volver a Madrid, fue a empeñar su corona de oro y descubrió que no era más que una barata imitación de nulo valor crematístico. La anécdota, aun cuando no correspondiera a la estricta verdad del caso, venía a confirmar la opinión, muy difundida, de que Granada es, por antonomasia, «la tierra del chavico» —la tierra donde se gasta lo menos posible—, apreciación compartida por Lorca (III, 637).

Saliendo del palacio, torciendo a la izquierda y luego subiendo unos escalones se llega al inicio de la pequeña calle Real de la Alhambra.

Llama la atención, en primer lugar, la iglesia de Santa María de la Alhambra que, terminada en 1617, se levanta aquí sobre las ruinas de la mezquita. No tiene mucho interés arquitectónico pero sí una relación muy especial con el poeta, solo conocida cuarenta años después de su muerte. En 1929, la Cofradía de Santa María de la Alhambra, apenas activa antes de aquel año, decidió organizar una procesión de Semana Santa y explicó en la prensa local que le impulsaba a hacerlo la determinación de «ligar aún más fuertemente los dos grandes amores de Granada: la Santísima Virgen de las Angustias y la Alhambra».[6] Unas horas antes de que empezara la procesión, la noche del 27 de marzo, surgió un problema inesperado al saberse que una persona acababa de llegar a Granada para cumplir la promesa de acompañar a la Virgen, vestido de penitente, en esta su primera salida. Era Federico García Lorca. El reglamento solo permitía que participasen los cofrades. Además no sobraba un hábito. Finalmente se tomó la decisión de que el poeta sustituyera a uno de los portainsignias. Según un testigo presencial se arrodilló entonces, para expresar su gratitud, delante de la imagen de la Virgen —una Piedad de Torcuato Ruiz del Peral— y rezó. La misma persona creía recordar que anduvo a la cabeza de los cofrades, con los pies descalzos.

Iluminaron el bosque aquella noche centenares de bengalas, mientras, desde la alta vigía de la Alcazaba, sonaba la profunda voz de la campana de la Vela. Terminado el desfile, que duró varias horas y recorrió parte de Granada, el poeta desapareció de manera tan misteriosa como había llegado, dejando la insignia en su sitio. El cíngulo, anudado en forma de cruz, sujetaba un papel que decía: «Que Dios os lo pague.» Eso era todo.[7]

6. Carta publicada en *El Defensor de Granada*, 27 de marzo de 1936, p. 3.

7. Artículo anónimo publicado en *Ideal*, Granada, 17 de mayo de 1973.

Es probable que nunca sepamos el motivo de su participación secreta en la procesión. Tal vez, desgarrado amorosamente como estaba entonces, quería implorar la ayuda de la patrona, tan venerada por los granadinos, en momentos muy difíciles. Algún motivo muy profundo habría, desde luego.

Lorca y sus amigos frecuentaban con asiduidad la calle Real de la Alhambra, en especial la famosa taberna regida por el guitarrista y cantaor de flamenco Antonio Barrios, *el Polinario*, situado al lado de la iglesia de Santa María de la Alhambra alrededor de los restos de los baños de la mezquita.

Desde fines del siglo XIX hasta los años veinte la taberna fue predilecto lugar de encuentro de los artistas granadinos y, a su paso por la ciudad, de escritores, músicos y pintores tanto nacionales como extranjeros, los cuales solían dejar con Barrios algún recuerdo.

Aquí, hasta hace poco, la casa-museo de Ángel Barrios —hijo del *Polinario* que llegó a ser guitarrista de fama internacional y considerable compositor— albergaba, entre otras muchas obras y curiosidades, una bella acuarela del norteamericano John Singer Sargent y un pergamino del dramaturgo y pintor catalán Santiago Rusiñol, firmado por Maurice Ravel, Richard Strauss, Jacinto Benavente y otros, en el cual Rusiñol nombraba «Cónsul del Arte en la Alhambra» a Barrios padre.

Según Rusiñol, este poseía tres virtudes nada habituales en un tabernero: era excelente cantaor de flamenco, entendía de pintura y no echaba agua al vino. En su libro *Manuel de Falla y el «cante jondo»* el periodista granadino Eduardo Molina Fajardo lo evoca así: «El tabernero era un gran tipo humano. Grueso, fuerte, barrigoncillo, pero con cara de pájaro, y párpados caídos. Llevaba siempre una gorrilla encasquetada. Pintaba, y sabía extraer de su corazón antiquísimas canciones andaluzas. Tocaba la guitarra con viejo estilo, y, sin dejar sus actividades, despachaba en el mostrador con gracia fina» (p. 33).

Detrás de la taberna había un atractivo jardín con estanque. Es probable que fuera allí donde Lorca, Ángel Barrios, Manuel Ángeles Ortiz y Miguel Pizarro rodaron en 1918 una «película» inventada por el poeta y «filmada» mediante una serie de instantáneas. Se titulaba *La historia del tesoro*. Los cuatro actores se habían vestido de árabes, según costumbre muy generalizada entonces en los estudios de los fotógrafos de la Alhambra. Es uno de los primeros testimonios que tenemos de la insistencia con que Lorca gustaba de representar su propia muerte, insistencia que asombraba y a veces asustaba a sus compañeros de la Residencia de Estudiantes de Madrid, entre ellos Salvador Dalí.

Ángel Barrios heredó la taberna y mantuvo la tradición hospitalaria de la misma. Cuando Lorca llegó a Granada en 1933 con el teatro universitario La Barraca, Barrios les organizó en ella un concierto del cual todos salieron impresionados.

Manuel de Falla tenía una buena amistad con padre e hijo —a este le solía llamar «compadre»—, y visitaba a menudo el local, aunque es de suponer que participó poco en las libaciones que allí se prodigaban.

¡O tempora o mores! Ya no existe la taberna del Polinario y buscaremos en vano su minúsculo patio y el pilar cuya fuente, según John Trend, se tapaba durante las sesiones de cante jondo con una manta para que su gluglú no estorbara a los músicos. Tampoco existe ya la casamuseo de Ángel Barrios. En compensación los baños árabes de la antigua mezquita sí están abiertos al público,

aunque no pueden competir con los de la Carrera del Darro.

En el desaparecido museo, además de los documentos mencionados y otros, se podían apreciar numerosas partituras de Ángel Barrios, así como su guitarra, cartas de Falla y otros recuerdos de la casa. ¿Dónde ha ido a parar todo este material? No lo he podido averiguar (en el verano de 2014 se organizó en el palacio de Carlos V, eso sí, una espléndida exposicion, *Ángel Barrios. Creatividad en la Alhambra,* cuyo catálogo es una mina de información sobre el compositor y su mundo).

En tiempos de Lorca la calle Real de la Alhambra era todavía uno de los sitios más románticos de Granada. Aún seguía vigente entonces la disposición secular según la cual el enclave gozaba de una jurisdicción propia, y tal circunstancia había dejado su impronta en la manera de ser de las contadas almas que vivían allí. En los años veinte continuaban cerrándose por la noche las dos únicas entradas al recinto —la Puerta de la Justicia y la de los Carros— y para salir o entrar había que llamar a los guardas. Ángel Barrios y Lorca eran muy supersticiosos, y bajar por la noche a Granada les llenaba de pavor —el testimonio procede de la hija del músico, Ángela Barrios— pues estaban convencidos de que tropezarían con un fantasma o duende al cruzar en la oscuridad el bosque.

El silencio nocturno de la Alhambra y sus alrededores le hacía las delicias a Manuel de Falla, aunque solo unos pocos años después las cosas empezarían a cambiar, con la llegada de gramófonos, radios, coches y demás parafernalia, cuyo estruendo le iba a resultar intolerable.

Nacido en Cádiz en 1876, Falla había soñado con Granada desde niño. En París, al hacerse amigo de Ángel Barrios en 1907, aquella «vocación granadina» —como la ha llamado el escritor granadino Manuel Orozco (p. 95)— se hizo más acuciante. En la capital francesa, además, también trató a Isaac Albéniz, otro fervoroso admirador, como sabemos, de Granada, de la cual cabe deducir que hablarían.

No sabemos la fecha exacta de su primera visita, pero según se colige del libro *Gregorio y yo* de su amiga María Martínez Sierra, que le acompañó en aquella ocasión, debió tener lugar entre el otoño de 1914 y la primavera siguiente. La estancia le confirmó en su deseo de vivir cerca de los palacios árabes.

Cuando, en 1919, se murieron sus padres, decidió que ya era el momento de ir convirtiendo el sueño en realidad. Al final de la calle Real, en la acera izquierda, se encontraba entonces la espaciosa y célebre Pensión Alhambra. Allí estuvo unas semanas en el otoño de 1919, acompañado del pintor Daniel Vázquez Díaz y su hija, antes de mudarse luego a otro establecimiento cercano, Villa Carmona, demolida después de la Guerra Civil para dar paso a nuevas excavaciones (queda parte de la casa en el número 36).

El otoño siguiente el compositor volvió a Villa Carmona. Finalmente, en 1921, sus amigos le encontraron el encantador y modestísimo Carmen de Ave María, en la no lejana callecita de Antequeruela Alta, mirando hacia la Vega, donde viviría hasta su salida para Argentina en 1939.

Villa Carmona merece ser recordada por otro motivo. Mientras paraba en ella, en junio de 1933, el gran novelista inglés Malcolm Lowry, conoció a una joven y exótica norteamericana, Jan Gabrial. En *Bajo el volcán* nos enteramos de que el cónsul e Yvonne han vivido horas inolvidables en Granada y que la maleta de ella, que ha viajado por medio mundo, lleva pegada, entre otras muchas, una etiqueta con el nombre de dicho establecimiento.

Al final de la calle se encuentra el Parador de San Francisco, construido al lado del convento del mismo nombre levantado por Fernando e Isabel sobre un palacio árabe del cual se conservan bellísimos vestigios. Fue el primer edificio cristiano erigido en Granada después de la Toma, en cumplimiento de una promesa de los reyes al santo. En la iglesia, que se puede visitar, estuvieron sepultados hasta 1521, año en que se trasladaron sus restos a la recién terminada Capilla Real.

El Parador de San Francisco es un lugar muy ameno. Su amplia terraza, con fuente y surtidor, permite contemplar un panorama espectacular, apenas cambiado a lo largo de los siglos, con el Generalife al fondo y, delante, un parterre repleto de arbustos, árboles y flores. Desde el ángulo izquierdo de este se obtiene una vista insólita del Albaicín mientras, directamente debajo, se extienden los jardines de la Alhambra flanqueados por tres torres: la de los Picos, la del Cadí y la de la Cautiva.

El restaurante del Parador casi siempre incluye entre sus postres algún ejemplo de típica pastelería o dulces granadinos, según la estación del año. No hay que dejar de probar, aquí o en otro establecimiento, estas maravillas, trátese de huesos de santo, cuajadas del Albaicín, tocino del cielo o pionono de Santa Fe. Ni de recordar los comentarios del poeta sobre la importancia de aproximarse a los sitios no solo por medio de los ojos sino por los del gusto y del olfato (III, 114).

Y una indicación final. Para sentir la calle Real de la Alhambra en su intimidad hay que venir por aquí por la noche, tarde, cuando los turistas han abandonado el lugar. El silencio es hondo; se percibe el murmullo del agua que fluye; en primavera cantan ruiseñores; y la luz de las farolas ayuda a evocar a los fantasmas de Falla, Lorca, los Barrios y sus amigos, además de a los de Malcolm Lowry y Jan.

Y ahora, visitada la antesala de la maravilla, podemos penetrar en el recinto nazarí a la hora indicada en nuestro billete.

Cualquier admirador de la obra lorquiana dedicará todo el tiempo que tenga disponible a divagar por estos jardines, patios y salas, aunque ninguno tendrá la suerte de los Irving, Ford y Gautier, que pudieron vivir aquí a sus anchas, disfrutando no solo de la belleza diurna del sitio sino de las noches de luna más hermosas del mundo. En efecto, es por la noche cuando el conjunto adquiere su auténtica magia. No se debe olvidar que Falla compuso *Noches en los jardines de España* inspirado por la Alhambra y el Generalife. En 1916 se interpretó la obra en el palacio de Carlos V, con el músico al piano, y es posible que Lorca estuviera entre el público.

Es imprescindible visitar la Sala de los Embajadores, en la ingente torre de Comares, con su fabuloso techo estrellado y sus vistas únicas del Albaicín. Se dice que, disfrutándolas por vez primera y mirando alrededor, exclamó Carlos V: «¡Qué malhadado el hombre que perdió todo esto!» (Ford, p. 126).

Se refería a Boabdil, claro, el último rey de Granada, sobre cuya salida de la ciudad hacia el destierro en Las Alpujarras existe una famosa anécdota ya recogida en la Introducción. Según ella, cuando llegó con los suyos al punto de la carretera de la costa a partir del cual ya no se vuelve a ver la Alhambra, miró hacia atrás y echó a llorar amargamente. No resisto la tentación de citar a Ford: «El pendón de Santiago flotaba sobre sus torres rojas y todo estaba perdido. A sus espaldas quedaba un edén, como las glorias de su pasado reinado, y ante él un desierto, tan triste como las perspectivas de un rey destronado. Y entonces, mientras las lágrimas brotaban de sus ojos húmedos, su madre, Aixa, cuyas rivalidades habían sido causa de esta calamidad, le reprochó: "Haces bien en llorar como una mujer por lo que no supiste defender como un hombre."» Siempre según Ford, Carlos V, al oír la anécdota, comentó: «Bien habló, porque una tumba en la Alhambra es mejor que un palacio en las Alpujarras» (p. 163).

Pero, ¡un momento! «Torres rojas» dice el gran hispanista inglés. En realidad es probable que en 1492 todavía conservaran el yeso con el cual estuvieron originalmente cubiertas, así como las murallas del recinto, según la práctica de los almohades. Circunstancia reflejada en el famoso «Romance de Abenámar», donde se encuentra el siguiente diálogo entre este y el rey don Juan:

> —*¿Qué castillos son aquellos?*
> *¡Altos son y relucían!*
> —*El Alhambra era, señor,*
> *y la otra la mezquita,*
> *los otros los Alixares,*
> *labrados a maravilla.*
> *El moro que los labraba*
> *cien doblas ganaba al día,*
> *y el día que no los labra,*
> *otras tantas se perdía.*

> *El otro es Generalife,*
> *huerta que par no tenía;*
> *el otro Torres Bermejas,*
> *castillo de gran valía...* [8]

Resulta difícil imaginar hoy el aspecto prístino y reluciente de la fortaleza, dada la tonalidad que, perdido el yeso, le confiere la tierra de la Colina Roja, muy del gusto de los «románticos» (así como la condición entonces desmoronada de sus murallas). Como comparación podríamos pensar, por ejemplo, en el actual estado de la catedral de Burgos, libre desde hace algunos años de su mugre, o de la fachada del Museo Británico, ennegrecida hasta 1973 por el *smog* del Londres industrial y hoy felizmente rescatada.

No voy a ensayar aquí una descripción de la Alhambra, ni muchísimo menos. Solo hace falta decir que la exquisita belleza del enclave, del que forma parte consustancial el agua en sus distintas modalidades, influyó poderosamente en la sensibilidad del poeta, así como ha hecho y hace en la de todos los creadores granadinos. «Panteón del agua» la llamaría en un momento de inspiración (*EC,* p. 156), y numerosas fotografías atestiguan la asiduidad con la cual visitaba sus patios y estancias.

Desde los jardines de la Alhambra se cruza a los del Generalife por un puente sobre una pintoresca cuesta que baja al río Darro.

8. «Romance de Abenámar», en *Romancero español*, Madrid, Aguilar, 1946, pp. 627-628.

Según los etimólogos, si Alhambra significa «Ciuda-dela Roja» en árabe (por el referido color de su tierra), Generalife quiere decir «El Jardín Sublime». Y no es una exageración. Fue creado para el descanso y placer de los reyes moros, y no se podría imaginar un sitio más idílico.

Cuando Juan Ramón Jiménez y su mujer Zenobia Camprubí llegaron a Granada en el verano de 1924 para visitar a Federico, este y sus hermanas los acompañaron atentamente (ilustración 4). El poeta moguereño se exta-sió ante los encantos de los jardines y patios árabes, pero le indignaron los desmanes urbanísticos que se cometían no solo en la Alhambra sino en la ciudad. Al volver a Madrid se refirió, en una carta a Lorca, a «las terribles edificaciones jactantes y agresivas que levanta por el lla-no y monte granadinos la osadía abarrotada de cobre en los lugares más bellos de línea y color de este imponde-rable paisaje universal» (pp. 65-66).

Por desgracia, aquella «osadía abarrotada de cobre» no ha dejado de destruir Granada desde entonces.

Lorca comentó así la visita de Juan Ramón en una carta a Melchor Fernández Almagro:

Ahora que le he tratado íntimamente he podido observar qué profunda sensibilidad y qué cantidad divina de poesía tiene su alma. Un día me dijo: «Ire-mos al Generalife a las cinco de la tarde, que es la hora en que empieza el *sufrimiento* de los jardines.» Esto lo retrata de cuerpo entero, ¿verdad? Y viendo la escalera del agua dijo: «En otoño, si estoy aquí, me muero.» Y lo decía convencidísimo. Hemos charlado largo rato sobre las hadas y me he guardado muy bien de enseñarle las haditas del agua, pues esto no lo hubiese podido resistir. (*EC*, p. 236)

La famosa Escalera del Agua del Generalife, con su bóveda de laureles y sus pasamanos cóncavas por las que baja presurosa el agua, fascinó a Andrea Navagero, embajador veneciano a la corte de Carlos V, cuando estuvo aquí en 1526. No sé si él lo sabía —yo solo me enteré hace poco—, pero no se trataba de ningún invento ornamental hecho para impresionar sino de una novel construcción que le permitía al sultán purificarse, al irse lavando metódicamente mientras subía, antes de rezar en un pequeño oratorio situado en la parte alta de la escalera y hoy desaparecido.

No queda constancia de las conversaciones de Lorca y Juan Ramón en estos alrededores, pero es difícil pensar que no comentaran la que tuviera en ellos Navagero con el poeta catalán Juan Boscán. Una placa colocada cerca de la Escalera del Agua reproduce parte de una carta escrita al respecto por este a la duquesa de Soma. Reza:

> ... porque estando un día en Granada con el Navagero... tratando con él en cosas de ingenio y de letras, y especialmente en las variedades de muchas lenguas, me dijo por qué no probaba en lengua castellana sonetos y otras artes de trovas usadas por los buenos autores de Italia. Y no solamente me lo dijo así livianamente, mas aún me rogó que lo hiciese... Mas esto no bastara a hacerme pasar muy adelante, si Garcilaso con su juicio el cual no solamente en mi opinión mas en la de todo el mundo, ha sido tenido por regla cierta, no me confirmara en esta mi demanda...

Sin el encuentro en estos jardines de Navagero y Boscán podríamos estar huérfanos hoy de las églogas y los sonetos de Garcilaso. Lorca no podía desconocerlo.

En el Generalife hay agua por doquier: estanques, fuentes, cisternas, surtidores. Siempre que vengo por aquí recuerdo el grito desesperado del compadre del «Romance sonámbulo», que sube a las «altas barandas» de un lugar no especificado en busca de su novia que ya flota muerta en una alberca, sostenida por un «carámbano de luna»:

> *Dejadme subir al menos*
> *hasta las altas barandas,*
> *¡dejadme subir!, dejadme*
> *hasta las verdes barandas.*
> *Barandales de la luna*
> *por donde retumba el agua...*   (I, 421)

En estos jardines, aunque no se sabe exactamente dónde, celebró el Centro Artístico de Granada, la tarde del 15 de junio de 1919, un homenaje a Fernando de los Ríos, su ex presidente, que acababa de ser elegido diputado socialista por la provincia. «Durante la reunión fraternal —comentó al día siguiente *El Defensor de Granada*—, Ángel Barrios hizo con su guitarra tantos primores que se apoderó del alma de todos los oyentes, y los poetas granadinos Alberto Álvarez de Cienfuegos y Federico García Lorca recitaron bellas poesías dedicadas a Granada, que les valieron muchos aplausos.»

Asistieron al acto el empresario teatral Gregorio Martínez Sierra y su amante, la actriz Catalina Bárcena, que habían conocido a Federico unas semanas antes en Madrid. Impresionados, le rogaron ahora que les leyera, para ellos solos, otros versos suyos. Accedió y, acompañado de su amigo Miguel Cerón, subió con ellos a un cercano mirador. Allí oyeron, entre otras composiciones, una que contaba la aventura de una mariposa que, rotas sus alas, cae en una pradera habitada por cucarachas, una de las cuales se enamora de ella. Al final del poema, cuenta José Mora Guarnido, la mariposa recobra su vuelo y, dejando desesperado a su admirador (cucaracho, no cucaracha, si se me permite), se aleja para siempre (pp. 123-124). Martínez Sierra y la Bárcena estaban entusiasmados (la actriz lloraba, según me contó Cerón), y el empresario le propuso a Federico en el acto que convirtiera el poema en pequeña obra dramática, comprometiéndose a montársela durante la próxima temporada en su teatro experimental en Madrid, el Eslava. Así nació *El maleficio de la mariposa,* que se estrenó en dicho coliseo el 22 de marzo de 1920, con Catalina Bárcena en el papel del desafortunado Curianito.

Y nada más. Que los manes del poeta acompañen al lector en su visita a estos lugares mágicos y míticos.

Paseo Dos

Deambulando por la Colina Roja

Desde la Puerta de los Carros, principal acceso al recinto árabe para el tráfico rodado, hoy estrictamente limitado, se llega pronto al paseo que baja a la ciudad por el bosque de la Alhambra. Su primera trama, que arranca al lado del Hotel Washington Irving, es peatonal. Está recubierto de *alpañata*, mezcla de arena, cemento y la típica tierra roja de la colina. Conduce en seguida a la glorieta llamada del Tomate donde hay un monumento a Ángel Ganivet, obra del escultor granadino Juan Cristóbal, amigo de Lorca y sus compañeros, que se inauguró el 3 de octubre de 1921.

Por José Mora Guarnido sabemos que tiene una interesante vinculación con el poeta. Su futuro biógrafo, que le veía con frecuencia en Madrid, había ido un domingo con él y Cristóbal a la Dehesa de la Villa, donde el artista, que ya trabajaba en el proyecto, quería sacar unos apuntes de machos cabríos:

Habían desfilado ante nosotros varios hermosos ejemplares, con sus barbas de sátiros, su profunda mirada, su prestigio, su grave majestad de ídolos; toda aquella mañana de sol entre pinares, habíamos estado hablando de aquel tema —sátiros, centauros, brillante imaginería greco-francesa de Rubén— y el tema golpeó con premura irresistible y forma prefijada en la mente del poeta, que al día siguiente nos buscó para recitarnos lo que había compuesto.   (p. 120)

Se trataba del poema «El macho cabrío», fechado en 1919 y publicado en *Libro de poemas* dos años después:

> *El rebaño de cabras ha pasado*
> *Junto al agua del río.*
> *En la tarde de rosa y de zafiro,*
> *Llena de paz romántica,*
> *Yo miro*
> *Al gran macho cabrío.*
>
> *¡Salve, demonio mudo!*
> *Eres el más*
> *Intenso animal.*
> *Místico eterno*
> *Del infierno*
> *Carnal...*   (I, 174)

Ya que estamos contemplando este grupo, no será de más recordar hasta qué punto admiraban Lorca y sus amigos al joven diplomático, ensayista, poeta y novelista que, el 29 de noviembre de 1898 —el mismo año del nacimiento de Federico y de Juan Cristóbal— se había suicidado arrojándose a las heladas aguas del Duina, cerca de la ciudad de Riga, hoy capital de Letonia, en cuyo Consulado Español estaba entonces destinado. Ya lo dije en la Introducción: su *Granada la bella* influyó po-

derosamente en todos ellos y es lectura esencial para el lorquista.

Al abandonar la glorieta del Tomate giramos a la izquierda y salimos del bosque. Delante de nosotros observamos una casa blanca. Un rótulo en su pared nos informa que se trata del número 1 del Campo de los Mártires. Aquí vivían, hasta su muerte allá por los años sesenta, el vicecónsul británico en Granada, William Davenhill, y su encantadora hermana, Maravillas. Pareja simpatiquísima, medio inglesa y medio granadina, eran, cuando llegué a la ciudad en 1965, el último vestigio que quedaba de la excéntrica colonia británica de la colina de la Alhambra descrita por Gerald Brenan en *Al sur de Granada*.

William, un apasionado de Sierra Nevada, raras veces se dignaba, como él decía, «bajar a Granada». Me habló de la rabia que experimentó cuando el ingeniero Juan José de Santa Cruz (luego asesinado como Lorca al principio de la Guerra Civil) le dijo que iba a terminar la carretera hacia aquellas cumbres, llegando con ella hasta el Picacho de la Veleta (proyecto llevado a cabo en los años treinta). Y me narró la visita a la ciudad de la reina madre Alejandra de Inglaterra, viuda de Eduardo VII. «Pero, Mr. Davenhill —protestó la augusta dama, al constatar el aparentemente reducido tamaño del edificio viceconsular— ¿usted cree que es correcto que un representante de Su Majestad viva en una casa tan pequeña?» Davenhill había previsto el comentario y, nada más traspasar la augusta dama el umbral de la misma, todo se aclaró: «la casa» no era sino la última planta de un amplísimo inmueble construido en la abrupta falda de la colina.

En la terraza delante de ella (en realidad, detrás) se sentaban los Davenhill cada tarde, al declinar el sol, y allí recibían a sus invitados, a quienes ofrecían un explosivo cóctel preparado por Maravillas. Hermano y hermana me contaron sus experiencias cuando empezó la guerra y se puso en marcha la feroz represión fascista. Los camiones de la muerte, cargados de víctimas, llegaban cada madrugada por la cuesta de Gomérez y, después de subir jadeantes por el bosque de la Alhambra, pasaban delante del viceconsulado en su ruta hacia el cementerio. Un día Maravillas miró con cautela por la ventana. «Fue horrible —me dijo en 1966—, en cada camión había veinte o treinta hombres y mujeres, amontonados unos sobre otros, atados como cerdos para el mercado. Diez minutos después oímos disparar en el cementerio, como cada madrugada, y supimos que una vez más todo había terminado.» Y así, durante meses y meses.

William y Maravillas Davenhill charlaron una o dos veces con Lorca, pero nunca llegaron a intimar con él. En realidad, vivían más en contacto con la colonia británica que con los granadinos.

Me parece muy probable que en el romance «Preciosa y el aire» el poeta tenía presente a «Don Guillermo» al hacer que la gitana aterrorizada por el viento busque refugio en un consulado británico ubicado en lo alto de una colina, aunque en el poema la escena se sitúa cerca del mar y, en vez de los árboles de hoja caediza del bosque de la Alhambra, hay pinos. No sé si la copa de ginebra es una alusión a los fuertes brebajes de la casa o un simple invento por parte del poeta:

> *Preciosa, llena de miedo,*
> *entra en la casa que tiene*
> *más arriba de los pinos,*
> *el cónsul de los ingleses.*

Asustados por los gritos
tres carabineros vienen,
sus negras capas ceñidas
y los gorros en las sienes.

El inglés da a la gitana
un vaso de tibia leche,
y una copa de ginebra
que Preciosa no se bebe.

Y mientras cuenta, llorando,
su aventura a aquella gente,
en las tejas de pizarra
el viento, furioso, muerde.   (I, 417-418)

Justo delante de la casa de los Davenhill se levantó en 1909 el gigantesco y neoárabe Hotel Alhambra Palace. Les tapó totalmente el maravilloso panorama de que disfrutaban. Fue un auténtico desastre que jamás le perdonaron a su promotor, el muy emprendedor duque de San Pedro Galatino.

Pese al ultraje a la Colina Roja que supuso en su momento la construcción del hotel confieso que siento cariño por él. Además tiene una vinculación estrecha con Lorca. De modo que entremos y veamos.

Y veamos, primero, su famosa terraza, una de las más bellas de España y del mundo, que ofrece fabulosas vistas sobre la ciudad, la Vega y Sierra Nevada. Mira directamente al oeste, ¡hacia Portugal!, y desde aquí las puestas de sol —causa de que el joven Lorca llegara a menudo tarde para la cena— son espectaculares.

Si es posible, trata de conseguir, para presenciar la escena, la última mesa a la derecha.

Mariana Pineda comenta así los atardeceres granadinos:

> ¡Con qué trabajo tan grande
> deja la luz a Granada!
> Se enreda entre los cipreses
> o se esconde bajo el agua...   (II, 97)

Algo parecido le dijo Lorca a Dámaso Alonso cuando le visitó en Granada a finales de 1927 o principios de 1928. «La luz solar, ¡cómo barre la Vega de Granada!», exclamaría. «Y en efecto —me contó Alonso en 1980—, es que se veía en un sitio muy pequeño, como si hubiera sido barrida allí por una escoba.»

Debajo de la terraza del Palace está la iglesia de San Cecilio, con su pequeña torre pintada, que frecuentaba el muy católico Manuel de Falla.

A nuestra derecha asoma el enorme «carmen» blanco, con sus cipreses, de la Fundación Rodríguez Acosta, de estilo más italiano que granadino y que a mí, francamente, no me gusta nada. Allí abajo, en el centro de la ciudad, destaca la ciclópea mole de la catedral que tanto desagradaba al poeta. No cuesta trabajo localizar, delante de nosotros, la iglesia de la Virgen de las Angustias, con sus torres gemelas, y, más cerca, la cúpula de la de Santo Domingo, con azulejos verdes y blancos. A nuestra izquierda se aprecia el auditorio de música Manuel de Falla, construido al lado del carmen del maestro. Al fondo se levanta, majestuosa, Sierra Nevada.

He mencionado la degradación de la Vega, que ya no es la hermosa «alfombra verde» que Richard Ford contemplaba con admiración (p. 92). La ciudad y los pueblos han crecido a un ritmo vertiginoso, y, por la noche, la llanura, antes oscura, se parece más a Las Vegas de Nevada que a la cantada siglos atrás por los poetas árabes de Granada. Hace algunas décadas era posible todavía imaginar, desde aquí, que delante de uno se extendía un lago e incluso un brazo de mar, con la lucecilla de algún barco. Pero ya no, se acabó.

El Palace tiene un pequeño teatro neoárabe de obligada visita. En vísperas del Concurso de Cante Jondo fue escenario, el 7 de junio de 1922, de una velada artística para cerrar la propaganda oficial del certamen. Antonio Gallego Burín, vicepresidente del Centro Artístico, inició el acto con la lectura de un folleto anónimo sobre el cante, debido en gran medida a Falla. Le siguió el guitarrista Manuel Jofré. Luego fue el turno de Lorca, que leyó varias composiciones de *Poema del cante jondo*. Andrés Segovia finalizó el acto tocando unas soleares, gesto insólito en un músico cuyo interés por el flamenco era, en realidad, débil.

«La tarde fue para Federico García Lorca», sentenció al día siguiente *El Defensor de Granada*. Y no se equivocó al añadir: «Granada cuenta con un poeta. Este chico, soñador y enamorado de lo bello y lo sublime, mañana será una gloria.»

Las preparaciones para el concurso, bajo la égida de Falla, habían puesto a Lorca en contacto con sus raíces andaluzas más profundas, y la composición de *Poema del cante jondo* supuso un radical cambio de dirección en su obra, después de su primera época «modernista», muy influida por Rubén Darío.

Hay una conocida fotografía de aquellos días, sacada en el «Pala» (así se dice siempre en Granada), en la cual rodean a Falla los organizadores del concurso y un nutrido grupo de amigos y de gentes llegadas para el magno acontecimiento. En ella apreciamos a Lorca, Ramón Gómez de la Serna, el mencionado hispanista inglés John Trend, Ignacio Zuloaga, Melchor Fernández Almagro, Miguel Cerón y Fernando de los Ríos.

Siete años después, el 5 de mayo de 1929, tuvo lugar en el hotel un banquete-homenaje a Lorca y Margarita Xirgu a raíz de la representación en Granada de *Mariana Pineda* por la gran actriz catalana. Entre los numerosos asistentes estuvieron Falla, Fernando de los Ríos y el padre del poeta. Salvador Dalí y Melchor Fernández Almagro mandaron sendas adhesiones al acto, que según la prensa fue brillantísimo.

Ofreció el ágape Constantino Ruiz Carnero, director de *El Defensor de Granada*. Elogió a «la más grande de las actrices y al más brillante de los jóvenes poetas de España». «Esta colaboración del poeta y de la actriz —dijo— ha dado a la escena, tan decaída en estos tiempos, un momento de verdadero prestigio.» Y fue ovacionado cuando declaró:

Pero a García Lorca le debíamos también este homenaje por su espléndida labor literaria. García Lorca es un poeta de horizonte universal, pero hondamente granadino, que en poco tiempo ha conquistado el puesto más alto de la moderna poesía española. Hay que proclamarlo así, sin temor a que haya quien no tenga la generosidad de reconocerlo. Pero, además, queremos romper esa estúpida tradición de que son las gentes de fuera quienes descubren los valores granadinos. A García Lorca, renovador de la lírica española, lo hemos descubierto los propios granadinos, y hemos dicho a Madrid y al resto de España: «Ahí lleváis un poeta que ha nacido en Granada y que tiene toda la magnificencia de esta prodigiosa tierra andaluza.»[1]

En su contestación Lorca recordó, entre el entusiasmo de los presentes, las dificultades encontradas antes de poder estrenar *Mariana Pineda* en 1927, y se deshizo en alabanzas a Margarita Xirgu. La pieza, dijo, ya le parecía «obra débil de principiante», y terminó expresando su agradecimiento a Granada:

> Me ha producido verdadera tristeza ver mi nombre por las esquinas. Parece como si me arrancaran mi vida de niño y me encontrara lleno de responsabilidad en un sitio donde no quiero tenerla nunca y donde solo anhelo estar en mi casa tranquilo, gozando del reposo y preparando obra nueva. Bastante suena mi nombre en otras partes. Granada ya tiene bastante con darme su luz y sus temas y abrirme la vena de su secreto lírico.
>
> Si algún día, si Dios me sigue ayudando, tengo gloria, la mitad de esta gloria será de Granada, que formó y modeló esta criatura que soy yo: poeta de nacimiento y sin poderlo remediar.   (III, 195)

Hay que tener en cuenta que el *Romancero gitano* se había publicado un año antes, que era un *best-seller* y que Lorca era ya el joven poeta más famoso del país.

Unos días después, el 18 de mayo de 1929, volvió al teatro del Palace para ofrecer un extenso recital de sus versos, con selecciones de *Libro de poemas*, *Canciones* y el *Romancero gitano*. El éxito, otra vez, fue contunden-

---

1. *El Defensor de Granada*, 7 de mayo de 1929, p. 1.

te. «Únicamente hemos de consignar —comentó al día siguiente *El Defensor de Granada*— que ayer se manifestó Federico García Lorca ante el público de Granada como un perfecto y exquisito recitador de poesía, cualidad ya conocida de sus amigos, pero que todavía no había expuesto públicamente.»

Saliendo del hotel tiramos a la derecha, delante de la casa de los Davenhill, que desde aquí se revela en toda su amplitud.

Un poco más abajo entramos, a mano izquierda, en la pequeña calle de Antequeruela Alta.

El nombre (hay una placa al respecto) alude a los musulmanes de Antequera que huyeron a Granada ante el avance cristiano y se instalaron en este barrio. Al final de la callecita, en el carmen de Ave María, se estableció en 1921 Falla, acompañado de su hermana María del Carmen. Y aquí vivió hasta que, en 1939, se fue a Argentina (para solo volver muerto a España y ser enterrado definitivamente en la cripta de la catedral de Cádiz).

Para cualquier amante de la música de Falla y de la obra de Lorca será emocionante la visita a esta preciosa y modesta casita que nos da la medida de la humildad del maestro (que se negó a que sus amigos granadinos la comprasen para regalársela). Todo se conserva justo como lo dejó: el piano, los figurines de Picasso para el estreno de *El sombrero de tres picos* en Londres, los medicamentos, la parafernalia relacionada con la higiénica y algo patológica preparación de sus cigarrillos, los cuadros, las fotografías, el dormitorio, el diseño de Hermenegildo Lanz para el azulejo en homenaje a Gautier...

Lorca tocó este piano numerosas veces y fue aquí donde Falla se afanó en la preparación de la sesión de muñecos celebrada en la casa de los García Lorca el día de Reyes de 1923.

Fuera, en la estrecha callecita, Federico organizó, la Nochevieja de 1921, una sorpresa para el compositor el día de su santo (1 de enero): una instrumentación, para trombón, cornetín, tuba y clarinete, de la «Canción del fuego fatuo». La interpretaron unos músicos de la banda municipal. Falla estaba encantado y, según una carta jactanciosa de Lorca a su amigo el musicólogo Adolfo Salazar, el maestro sentenció «que aquella instrumentación era genial y que ni el gran Don Igor [Stravinsky] la soñaba siquiera» (*EC*, p. 138).

El carmen de Falla es una preciosidad y nos da una idea muy exacta de la arquitectura de esta modalidad de vivienda, tan típicamente granadina, con sus tapias, su surtidor, sus enredaderas y sus vistas. Lorca lo amaba. Hay una interesante fotografía sacada en el jardín donde vemos al compositor rodeado de su hermana, Federico y Francisco García Lorca, Antonio Luna, José Manuel Segura y la gran clavecinista Wanda Landowska.

No se debe olvidar que desde aquí bajó Falla al Gobierno Civil para tratar de salvar al poeta. Nunca quiso hablar de lo que vio y oyó en aquellos pasillos infernales. Nunca dio el nombre del responsable, a su juicio, del asesinato. Lo único que sabemos es que le dijeron que su amigo estaba ya muerto.

Volviendo sobre nuestros pasos damos ahora la vuelta a la casa de los Davenhill. Estamos otra vez en el Campo de los Mártires. Un poco más arriba, a mano derecha, había una gran cruz, construida en 1901, que recordaba a los prisioneros cristianos —los «mártires»— muertos supuestamente en estos alrededores que, en tiempos de los musulmanes, tenían numerosas mazmorras. La cruz ha sido cambiada de sitio y colocada más abajo, donde apenas se ve.

Llegamos en seguida a la entrada al auditorio y centro Manuel de Falla, obra del arquitecto José María García de Paredes. El edificio se levantó, al lado del carmen del maestro, sobre el solar de la que fue Pensión Matamoros, establecimiento regido en los años veinte del pasado siglo por una escocesa, Miss Laird (mencionada por Brenan en *Al sur de Granada*). Si está abierto, bien vale una visita. Creo que es un edificio muy logrado, armonizando, pese a su gran tamaño, con la colina. Dicen los expertos que la acústica es perfecta. Aquí se guarda además el archivo del maestro.

El Carmen de los Mártires, al cual accedemos al final de la explanada, se terminó de restaurar en 1986. Se trata, más que de carmen, de un elegante palacete de estilo dieciochesco (hay delante una estatua de Carlos III, «el mejor alcalde de Madrid», creador de su espléndido Jardín Botánico). Bajo el franquismo, y con la connivencia del Ayuntamiento de Granada, la espaciosa finca casi se convirtió en hotel de gran lujo, algo que por suerte se pudo evitar.

El primer edificio que ocupó el lugar fue una ermita levantada por los Reyes Católicos. Sobre ella se construyó, a fines del siglo XVI, el convento de los Carmelitas Descalzos, destruido en 1842. El carmen actual fue iniciativa de Carlos Calderón, fundador de la escuela donde estudió la madre, y luego la hermana Concha, del poeta. Luego pasó a manos de un rico belga, Humbert Meersmans, que murió en 1934.

A Meersmans se refiere Lorca en su divertida e irónica *Historia de este gallo*, atribuyéndole un obsesivo afán por coleccionar dichas criaturas y contando cómo Don

Alhambro salta la verja del jardín para robar una: «Los jardines de los Mártires estaban llenos de gallos. Eran un paraíso terrenal de Brueghel, donde resaltaba la única gloria de estas aves cantarinas» (III, 300).

El hecho de haber sido San Juan de la Cruz prior del convento entre 1582 y 1588, y de haber escrito aquí parte de su obra, impresionaba a Lorca. En su charla radiofónica *Semana Santa en Granada*, de 1936, dice que la ciudad es «un punto neurálgico de España donde la poesía de meseta de San Juan de la Cruz se llena de cedros, de cinamomos, de fuentes, y se hace posible en la mística española ese aire oriental, ese ciervo vulnerado que asoma, herido de amor, por el otero» (III, 271). Unos años antes, en su conferencia sobre el duende, se había referido a los mismos versos (del *Cántico espiritual*). «La musa de Góngora —dijo entonces— y el ángel de Garcilaso han de soltar la guirnalda de laurel cuando pasa el duende de San Juan de la Cruz, cuando "el ciervo vulnerado / por el otero asoma"» (III, 161-162). Es evidente que la estrofa, dirigida por el esposo a la esposa, le fascinaba:

> *Vuélvete, paloma,*
> *que el ciervo vulnerado*
> *por el otero asoma*
> *al aire de tu vuelo, y fresco toma.*

En estos magníficos jardines se puede apreciar, si no los mismos cinamomos y fuentes de san Juan, un cedro multisecular que, según algunos, fue plantado por él. Es más, muy cerca del vetusto árbol hay una placa casi ilegible que afirma lo siguiente: «La fama de este cedro corpulento que hoy mitiga del sol la ardiente luz floreció ayer por divino portento del báculo que usara en el convento su extático prior...»

Desde los jardines podemos disfrutar una vista inédita de la Torre de la Vela... y en ellos hay muchas cosas de interés, incluido un viejo acueducto.

Otra vez en el Campo de los Mártires vamos bajando por la explanada. Un muro nos acompaña a mano derecha. Donde da una vuelta de noventa grados hay una vereda. Unos pasos más adelante aparece algo muy romántico, muy siglo XIX: lo que queda de la entrada a uno de los establecimientos alhambreños especializados en retratar, ataviados de «moros», a los turistas. Tradición que ya se ha perdido, supongo que para siempre. Se trata de un pastiche de arco de herradura, con almenas incluidas. Arriba, apenas descifrable ya, se lee «FOTOGRAFÍAS ARTÍSTICAS». A un lado del arco se ha caído el yeso del muro revelando la típica arcilla roja de la colina, mezclada con piedras. Como he dicho, todo muy romántico.

Torciendo a la derecha y rebasada la entrada original al Carmen de los Mártires, que no suele estar abierta, llegamos en seguida al célebre Hotel Washington Irving, cerrado durante muchos años y en el momento de escribir en avanzada fase de rehabilitación.

El hotel tiene su pequeña anécdota lorquiana, pues aquí, en abril de 1928, cuando los alegres quiquiriquíes de la revista *gallo* del poeta y sus amigos resonaban por las calles granadinas, Federico, sentado ante el viejo piano de la casa, cantó para la periodista norteamericana Mildred Adams sus romances sobre el prendimiento y muerte de Antoñito el Camborio. «En gesto, tono de la voz y del cuerpo —recordó años después— Lorca era el propio romance» (p. 78). Adams conoció durante su estancia a otros miembros del grupo y, una tarde para ella inolvidable, a Falla. Notó que, en el carmen del maestro, Federico era aceptado como un miembro más de la pequeña familia, casi como un hermano menor.

Cuando empezó la Guerra Civil en julio de 1936 se encontraba en Granada un grupo de turistas norteamericanos. Entre ellos Robert Neville, cronista de bridge del famoso periódico el *New York Herald Tribune.* Hombre progresista y amigo de la España republicana, fue evacuado por los rebeldes a Sevilla el 12 de agosto de 1936 y al volver a Nueva York publicó en el *Herald Tribune* extractos de su diario granadino.

Neville había bajado cada día desde la calle Real de la Alhambra, donde paraba, a ver a sus compatriotas alojados en el Washington Irving. El 29 de julio de 1936 apuntó:

Ya hemos desentrañado la significación de la ráfaga de disparos que oímos cada mañana al amanecer y cada tarde al anochecer. También hemos podido relacionarlo con los camiones de soldados que suben delante del Washington Irving unos pocos minutos antes de que oigamos los disparos y que bajan otros pocos minutos después. Hoy cuatro de nosotros jugábamos al bridge en una habitación de la segunda planta del hotel cuando pasaron dos camiones. Desde abajo habría parecido que todos los hombres en aquellos enormes camiones fuesen soldados, pero hoy los vimos desde arriba y observamos que en el centro de cada camión había un grupo de paisanos.

El camino que pasa por el Washington Irving va al cementerio. No va a otro sitio. Hoy los camiones subieron con aquellos paisanos. En cinco minutos oímos los disparos. A los cinco minutos bajaron los camiones, y esta vez no había paisanos. Aquellos soldados eran el pelotón y aquellos paisanos iban a ser fusilados.

Propongo que subamos por el camino indicado por Neville para visitar el cementerio. Pronto, a nuestra izquierda, aparece la terraza del restaurante La Mimbre, situado debajo de las murallas de la Alhambra y la Torre de Siete Suelos. A su lado había antes una hermosa casa rodeada de tapias. Se llamaba Villa Paulina y pertenecía a un personaje muy conocido en Granada, Alfonso Gámir Sandoval, historiador y anglófilo casado con una hija de la escritora inglesa Helen Nicholson, baronesa de Zglinitzki. En su libro *Death in the Morning (Muerte al amanecer)*, publicado en Londres en 1937, Nicholson, que pasaba unas vacaciones en Villa Paulina cuando estalló la fratricida contienda, describió sus experiencias durante el primer mes y medio de la represión fascista de la ciudad. Se había dado cuenta pronto de la significación de las constantes idas y venidas de los camiones. Refiriéndose a los bombardeos republicanos —en realidad muy poca cosa— escribe:

El domingo 2 de agosto tuvimos nuestro primer bombardeo aéreo a las 4:30 y el segundo a las 8. Después bajamos a desayunar a la planta baja, en bata. Recuerdo que estuvimos todos de bastante mal humor, pues cuatro horas y media de sueño es bien poco en tiempo de guerra, cuando uno está bajo un nerviosismo constante. Después de desayunar nos arrastramos penosamente escaleras arriba, y mi hija y su marido dijeron que iban a misa. Como yo no soy católica, me fui a mi habitación con la esperanza de recuperar una hora de sueño, pero parecía que pasaban delante de nuestra casa un mayor número de camiones militares que de costumbre, y con el estrépito que hacían, pitando a cada momento, y el ruido que subía del patio de las criadas, era difícil dormitar más de unos pocos minutos seguidos. Además me atormentaba un inquieto recuerdo de la noche. A eso de las 2 me había despertado el ruido de un camión y de varios coches que subían por la cuesta hacia el cementerio, y poco después había oído una descarga de fusilería y luego los mismos vehículos que volvían. Después llegué a familiarizarme ya demasiado con estos ruidos y aprendí a temer hondamente la llegada del alba, no solo porque era la hora escogida con preferencia por el enemigo para lanzarnos sus bombas, sino a causa de las ejecuciones que tenían lugar entonces.   (p. 33)

El cementerio de San José se halla a menos de un kilómetro de donde nos encontramos. A nuestra derecha hay una hilera de hoteles. A la izquierda el aparcamiento de la Alhambra. No tardaremos mucho en llegar al camposanto. La mayoría de las ejecuciones se efectuaban contra la tapia situada a la izquierda de la entrada. Hoy, con la construcción del tanatorio y del crematorio en esta zona, se ha dificultado el acceso al lugar. Hay que dar la vuelta al exterior de toda esta parte del enclave y luego bajar, unos doscientos metros más arriba, por la vereda que conduce al sitio que buscamos, señalado por un rótulo de la Junta de Andalucía.

Después de la guerra algunos familiares de los fusilados se atrevían a subir cautelosamente al cementerio —iniciativa peligrosa— y dibujaban pequeñas cruces en la tapia al lado de los agujeros perforados por las balas. En 1996, dos décadas después de la muerte del dictador, hubo aquí un primer homenaje oficial a los asesinados. En los años siguientes el Partido Popular obstaculizó una y otra vez la colocación de una placa. Hoy, gracias a una decisión tajante al respecto del Tribunal Supremo de Andalucía, existe el rótulo mencionado. Dice: «LUGAR DE MEMORIA HISTÓRICA DE GRANADA. Tapias del cementerio de Granada. "A las víctimas del franquismo asesinadas en esta tapia por defender la legalidad democrática."»

¿Cuántos inocentes cayeron aquí? Es probable que nunca se sepa con exactitud. Lo que sí se puede decir es que el registro oficial de entierros del cementerio correspondiente a los años de la guerra, y luego escamoteado, incluía los datos de unas dos mil ejecuciones. La cifra real fue indudablemente más alta.

Entremos ahora en el cementerio para ver el Patio de Santiago, donde están enterrados los muertos del bando franquista en la guerra. Para alcanzarlo hay que tirar inmediatamente a la derecha y pasar debajo del arco de ladrillo que se encuentra en frente. Rebasado este, torcemos a la derecha (estamos en el Patio de las Angustias) y seguimos por la avenida de cipreses. Al final de esta, a mano derecha, hay otro arco que nos conduce, bajando, al patio que nos interesa. Podemos comprobar que hemos llegado por la inscripción que corre a lo largo de un lado del mismo: «AQUÍ YACEN LOS CAÍDOS POR DIOS Y LA PATRIA.»

En 1966 fotografié en este recinto la lápida del nicho del comandante José Valdés Guzmán, gobernador civil rebelde de Granada, fallecido en 1938 y quizás el máximo responsable de la muerte de Lorca. Unos años después desapareció la lápida. ¿Por qué motivo? ¿Alguien la rompió? ¿Para evitar que lo hiciera? No lo sé.

Antes de salir del cementerio vale la pena echarle una ojeada a la tumba de Ángel Ganivet. Se halla muy cerca de la entrada, a la izquierda de la avenida central. Rescatados los restos del escritor en Riga, fueron depositados aquí en marzo de 1924. Lorca participó en el acto de homenaje organizado en Madrid al paso del féretro.

Si no te gustan los cementerios, no creo que haya nada más que te deba retener aquí. Volvamos, pues, a la vida y sobre nuestros pasos, y hagamos, si es la hora y la época (cierra en invierno), un alto en la terraza del restaurante La Mimbre, mencionada antes.

Terraza famosa en Granada, es un sitio ideal para comer o cenar, por su frondosidad, la ausencia de música ambiental (un milagro), el canto de los pájaros y la calidad humana del dueño, Félix Herrera Moreno, y del resto del personal.

Desde La Mimbre baja hasta el Darro, entre la Alhambra y el Generalife, uno de los caminitos por el momento más pintorescos de Granada. Y digo por el momento porque está siempre bajo la amenaza de que pongan por aquí un funicular u otro invento para facilitar el acceso de los turistas a los palacios árabes.

No te lo pierdas. Se trata de la Cuesta de los Chinos (oficialmente Cuesta del Rey Chico). Antes se llamaba de los Muertos, pues por ella subían los entierros al camposanto. Pero ¿por qué *Chinos*? El nombre no tiene nada que ver con una predilección hacia este paraje por parte de visitantes orientales sino al conglomerado de chinos o guijarros, pequeños, más grandes e incluso de tamaño considerable, que pueblan la ladera derecha de la pendiente, en dirección descendente, y que hoy retienen, en los trechos del talud más altos y susceptibles de soltarlos, unas gruesas redes metálicas.

No he localizado ninguna referencia de Lorca a la Cuesta de los Chinos, pero cabe deducir que la conocía bien.

Pasa, en su tramo inicial, debajo del puente que cruzamos al dirigirnos desde la Alhambra al Generalife.

Casi en seguida, a la derecha, se ha colocado en el muro una hermosa placa en homenaje al poeta. Reproduce cuatro versos de la «casida» del *Diván del Tamarit* titulada «Del herido por el agua», versos muy aptos en este lugar:

> *Quiero bajar al pozo,*
> *quiero subir los muros de Granada,*
> *para mirar el corazón pasado*
> *por el punzón oscuro de las aguas.* (I, 600)

«La Alhambra al poeta en el centenario de su nacimiento, junio 1998», reza la inscripción. Inauguró la placa la entonces consejera de Cultura de la Junta de Andalucía, Carmen Calvo, y tuve la suerte de estar presente en el emotivo acto. Unos años después desapareció. Yo sospechaba que rota por algún desafecto a Lorca. Pero por suerte ha regresado a su sitio.

A nuestra izquierda se van irguiendo las tres torres de la Alhambra que se aprecian desde los jardines del Parador de San Francisco (la de la Cautiva, la del Cadí y la de los Picos). Nos acompaña el cauce de un arroyo.

A la mitad de la cuesta, a la derecha, una cancela siempre cerrada conduce a los vergeles y huertos del Generalife, no abiertos al público. Daría casi todo por entrar pero nunca lo he conseguido.

Mientras seguimos bajando hacia el Darro las vistas del Albaicín son magníficas. Uno tiene la sensación de estar transitando por un grabado del siglo XIX, de David Roberts o Gustave Doré.

Por aquí pasó varias veces Hans Christian Andersen durante su breve estancia en Granada en 1862. Le parecía «una de las cañadas más románticas imaginables». Contemplando las torres tuvo la sensación de que podía asomarse en cualquier momento una bella sultana. «De haber vivido aquí Salvator Rosa —siguió—, seguramente que habría escogido este "camino de los muertos" para fondo de una de sus escenas de bandidos» (p. 127).

Al pie de la colina, no sé con exactitud dónde, vivía un artista buen amigo de Lorca: el pintor y escenógrafo alemán Sigfrido Bürmann, «descubierto» en Granada por Gregorio Martínez Sierra y llevado por él a trabajar como decorador en su teatro Eslava de Madrid, donde se hizo célebre (y donde tuvo Lorca su primer estreno con *El maleficio de la mariposa*).

La Cuesta de los Chinos, o sea la Cuesta del Rey Chico, acaba en la orilla izquierda del Darro, en el paseo del Aljibillo.

Si hay fuerzas, y tiempo, se puede rematar el paseo enfilando desde aquí el camino que conduce a la célebre Fuente del Avellano (no bien señalada, aunque en la casa que hace esquina con la Cuesta de los Chinos hay un rótulo, no muy visible, que dice, con fea contracción, «Cno. del Avellano»).

La Fuente está a menos de un kilómetro. Hacia allí solían dirigirse Ángel Ganivet y sus amigos después de su habitual discurrir por la ciudad. Por ello dieron en llamarse «La Cofradía del Avellano».

Desde el camino las vistas del Sacromonte, con sus cuevas, pitas, chumberas y restos de muralla árabe, son impresionantes. Ambas orillas del Darro están revestidas de vegetación densísima. No en vano este tramo del río se llama Valparaíso.

Decoran el camino doce discretas placas de metal, fijadas a bloques de piedra, con citas de poetas y escritores mayormente granadinos y actuales (entre ellos Luis García Montero, Antonio Muñoz Molina, Justo Navarro y José Carlos Rosales). De los extranjeros, deleitan unos renglones de Henry David Thoreau, cuyo *Walden* está conociendo últimamente un modesto éxito editorial en España.

En los textos elegidos hay frecuentes alusiones al agua, como incumbe en este frondoso paraje que le debe su lozanía.

La del Avellano era muy apreciada por los «catadores» granadinos, así como la de la Alhambra, y Ganivet se explaya en *Granada la bella* acerca de los distintos méritos de ambas.

La placa de cerámica colocada en la fuente reza: «En recuerdo de Ángel Ganivet, genial escritor granadino. Fundador de la Cofradía del Avellano que enalteció en sus obras la belleza de este paraje.»

Volviendo al paseo del Aljibillo cruzamos el puente del mismo nombre para entrar en el paseo de los Tristes, cuyo nombre se debe al hecho de que aquí se despedían los entierros antes de emprender los familiares, con el ataúd, la subida al cementerio por la Cuesta de los Muertos, o sea, la de los Chinos. Lorca dijo, cargando las tintas, que Granada tiene «dos paseos para cantar, el Salón y la Alhambra, y uno para llorar, la Alameda de los Tristes, verdadero vértice de todo el romanticismo europeo» (III, 138).

El paseo de los Tristes perdió hace tiempo su tristeza. Los entierros ya no se despiden aquí y en verano es uno de los lugares más concurridos de la ciudad, debido a sus terrazas y al impresionante espectáculo de las torres y murallas de la Alhambra. Además ahora se llama oficialmente paseo del Padre Manjón. Se trata del creador, para niños pobres, de las Escuelas de Ave María, cuya casa fundacional se encuentra al inicio de la inmediata cuesta del Chapiz. Antonio Machado llamó a Manjón, en 1917, «desbravador de gitanos», lo cual creó en Granada una tremenda polémica. El busto del clérigo preside el paseo.

Al final del mismo hay otro pequeño puente sobre el Darro, el de las Chirimías. En la orilla opuesta había un ventorrillo que frecuentaba Lorca, que en 1931 le escribió a su amigo el diplomático chileno Carlos Morla Lynch: «Tengo a veces ataques intensos de cariño que curo bebiendo vino de Granada en el admirable jardín morisco de Las Chirimías y acordándome de vosotros entre la fragancia de los arrayanes» (*EC,* p. 712).

Ya no existen el ventorrillo y el jardín de los arrayanes, pero sí sigue habiendo «vino de Granada», aunque en poca cantidad. En Huétor, por ejemplo, casi en las faldas de Sierra Nevada, elaboran uno. Más conocido es el «vino de la costa», mosto producido principalmente en Albuñol, pueblo de la baja Alpujarra, cerca del Mediterráneo, donde tenía su casa un gran amigo del poeta, Ramón Pérez Roda. Quizá se refería a este, pues en la conferencia *Cómo canta una ciudad de noviembre a noviembre* dice que, al empezar la primavera, «las barricas traen el vino nuevo de la costa» (III, 144). Si es la época del año, pide «un costa», no en las cafeterías, que no lo tendrán, sino en bodegas y tabernas. Disfrutarás saboreando un vino local, auténtico y que, al parecer, le gustaba a nuestro poeta.

Paseo Tres

Por el corazón de Granada

En 1989 se cerró un local granadino celebérrimo, situado en la planta baja de un noble edificio de Puerta Real, epicentro de la ciudad, entre la calle Mesones y la de la Alhóndiga. Era el Gran Café Granada, conocido popularmente como «El Suizo».

Al principio se creía que el inmueble iba a ser demolido, pero gracias a una oposición ciudadana eficaz se declaró monumento protegido. Quedó asegurada, así, la conservación de la fachada, con la esperanza de que, una vez remodelado el interior, El Suizo volviera a abrir sus puertas. Pero no sería así. Había desaparecido para siempre. Lo ocurrido, al rememorarlo, me recuerda dos versos del Lorca joven:

> *Las cosas que se van no vuelven nunca,*
> *Todo el mundo lo sabe...*   (I, 62)

Sustituyó al Suizo un café modernísimo. Hoy ocupa su lugar algo peor: un Burger King autodesignado en inglés, encima de la cocina, como «THE HOME OF THE WHOPPER». Como mínima compensación se han conservado las columnas originales del establecimiento y, aunque sin usar, el mostrador curvo original de su rincón delantero derecho.

Me atrevo a recomendar al visitante ansioso de conocer lo que queda de la Granada de Lorca que se acerque a dicho rincón, donde dos puertas dobles de cristal brindan una vista panorámica de Puerta Real y su bullicio. Y que, si el mostrador ya ha desaparecido, se ubique fuera. Verá que, en el ángulo del edificio con la calle Mesones, hay un rótulo indicando que se encuentra en «Puerta Real de España».

Nadie en Granada dice nunca Puerta Real de España sino Puerta Real sin más. Es difícil saber dónde empieza y dónde termina. Su lado derecho, mirando hacia Sierra Nevada, se llama Acera del Darro. El opuesto, Acera del Casino.

En Puerta Real sitúa Lorca, al principio de su conferencia *Cómo canta una ciudad de noviembre en noviembre*, la aparición de varios puestos de zambombas que anuncian la proximidad de la Navidad, zambombas cuyo sonido pronto llenarán las calles, acompañado por el de panderetas y chicharras (III, 140-141).

Cuando comencé a frecuentar El Suizo en 1965 la clientela cambiaba según la hora del día: por la mañana congregaba a grupos de hombres ya con sus años a cuestas, algunos de ellos terratenientes de la Vega, que comentaban sus negocios; por la tarde había tertulias de señoras; y por la noche gente más joven. Como escribió mi amigo el malogrado escritor y pintor granadino Francisco Izquierdo en su *Guía secreta de Granada*, la cafetería era «el ministerio total de la política, de la economía y del chismorreo» de la ciudad (p. 371).

Aunque no es fácil imaginarlo, el pequeño río Darro

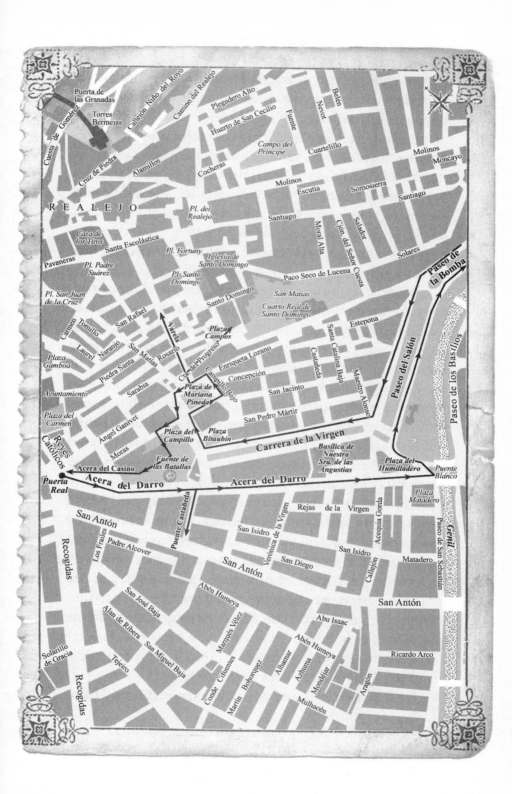

corre oculto debajo de Puerta Real, donde da una brusca vuelta para luego seguir su curso, siempre en la oscuridad, para juntarse con el Genil al final de la calle que lleva su nombre (Acera del Darro). Dos «respiraderos» o rejas insertos en el asfalto recuerdan su presencia invisible.

Ángel Ganivet lamentaba profundamente el enterramiento del Darro, iniciado en el siglo XIX. En *Granada la bella* se desahoga así al respecto:

> Yo conozco muchas ciudades atravesadas por ríos grandes y pequeños: desde el Sena, el Támesis o el Spree hasta el humilde y sediento Manzanares; pero no he visto ríos cubiertos como nuestro aurífero Darro, y afirmo que el que concibió la idea de embovedarlo la concibió de noche: en una noche funesta para nuestra ciudad. El miedo fue siempre mal consejero, y ese embovedado fue hijo del miedo a un peligro, que no nos hemos quitado aún de encima. En todas partes se mira como un don precioso la fortuna de tener un río a mano; se le aprovecha para romper la monotonía de una ciudad; si dificulta el tráfico, se construyen puentes de trecho en trecho, cuyos pretiles son decorados gratuitamente por el comercio ambulante, en particular por las floristas; y si amenaza con sus inundaciones, se trabaja para regularizar su curso; pero la idea de tapar un río no se le ha ocurrido a nadie más que a nosotros, y se nos ha ocurrido, parecerá paradoja, por la manía de imitar, que nos consume desde hace una porción de años. (pp. 74-75)

Cuando la familia García Lorca se trasladó desde la Vega a Granada en 1909, y se instaló en la Acera del Darro, el río emergía otra vez al aire libre a unos cien metros más abajo de El Suizo. Todavía existía entonces su último puente, el de la Virgen de las Angustias, situada detrás del templo donde se rinde culto a la misma (patrona de la ciudad).

La pintoresca escena desapareció para siempre, después de la Guerra Civil, al cubrirse el último tramo del río. Último tramo que fácilmente se habría podido conservar, embellecer y aprovechar. Al mismo tiempo se quitó la fea «jiba» del Embovedado —así lo conocían los granadinos— que impedía que las personas que transitaban por las dos aceras opuestas pudiesen ver las cabezas de las de enfrente.

«Todavía no he sentido el calor —escribió Lorca a sus padres en julio de 1929 desde Nueva York—. Hace exactamente el mismo que en Granada, y mi cuarto y este sitio es una especie de huerta. Lo terrible en verano es ir al centro, donde están las muchedumbres de autos y personas, pero decidme vosotros si el Embovedado no es también terrible de cruzar un día de julio» (*EC*, p. 620).

Pero ¿por qué tanto empeño en ocultar el río, poco más que un arroyo, que nace en la Sierra de Huétor, detrás de Granada, y solo tiene un recorrido de unos dieciocho kilómetros? La razón principal (Ganivet alude a ella en el pasaje de su libro citado) era que, cuando se producía en la zona una tormenta de lluvia especialmente fuerte y prolongada, la corriente, de ordinario tan pacífica, se podía convertir en fiera, desbordándose y llevándose todo por delante. Richard Ford recoge una copla que inmortalizaría la tremenda avenida de 1835:

Darro tiene prometido
el casarse con Xenil,
y le ha de llevar en dote
Plaza Nueva y Zacatín.   (p. 140)

(El Zacatín, en realidad una pequeña calle, desemboca en la plaza de Bib-Rambla. Era, hasta las reformas urbanísticas del siglo XIX, una de las vías más importantes de Granada y lindaba —peligrosamente— con el río.)

Las obras del primer tramo del Embovedado fueron empezadas en 1854 y terminadas en 1884, año en que el Darro quedaba soterrado desde Plaza Nueva hasta Puerta Real. Parecía resuelto el problema de las riadas, pero, en septiembre de 1951, con la cobertura ya prolongada hasta el Genil, el río proporcionó otro buen susto cuando, tras lluvias torrenciales, el túnel se bloqueó de árboles descuajados, subió con fuerza irresistible el agua y la corriente rompió en Puerta Real el techo de su cárcel, inundando las vecinas casas y calles.

Cabe deducir que no olvidan nunca los granadinos el peligro que supone el Darro, normalmente inocuo.

De todo ello estaba al tanto, desde luego, nuestro poeta. Y al hacer que uno de los conspiradores relate, en *Mariana Pineda*, que por la intensa lluvia «el Darro viene lleno de agua turbia» (II, 128), hablaba de algo que conocía.

Por supuesto, como Ganivet, lamentaba el hecho de tener que discurrir el río debajo de la ciudad. Incluso empezó, en 1921, un poema titulado «La muerte del Darro» (o «Dauro») que, hay que suponerlo, iba a girar en torno a la afrenta de su enterramiento (*EC*, p. 120).

Hay que señalar que el nombre árabe del río —Hadarro— había dado, en castellano, dos versiones distintas, Darro y Dauro. «Darro» llegaría a significar en Granada, con el tiempo, «alcantarilla», pues era poco más que eso. La variante «Dauro», que mencionamos en la Introducción, se reforzaba por la coincidencia de que es, literalmente, aurífero —como indica Ganivet—, aunque nunca se han sacado de su cauce muchos granos del precioso metal. El nombre «Darro» prevaleció sobre el otro, pero los líricos del siglo XIX, y luego el propio Lorca, prefirieron la versión «Dauro», sin duda por considerarla más «poética». En su *juvenilia*, como ya dijimos, se refiere numerosas veces al río, evocándolo, no sin cierto romanticismo trasnochado, en su bellísimo tramo detrás de la ciudad, donde, al pie de las colinas del Sacromonte y de la Alhambra, corre entre fértiles vergeles.

Y ya que hemos hablado del «peligro» del Darro, mencionaremos otro, mucho más grave, que amenaza a Granada. Y es que la ciudad es la más afectada de España por sacudidas sísmicas, aunque suelen ser de poca importancia y pasan casi siempre inadvertidas por la población. Durante el siglo XIX hubo varios terremotos fuertes en distintas localidades de la provincia, y, en abril de 1956, uno muy inquietante en la capital, que causó varias muertes y numerosos destrozos. Muchos granadinos están convencidos de que un día se abrirán las fauces de la tierra y tragarán la ciudad entera, Alhambra y Generalife incluidos. Por lo visto compartía esta opinión Washington Irving (cuyos *Cuentos de la Alhambra*, publicados en 1832, son un texto imprescindible para cualquier amante de Granada). Al contemplar una fisura aparecida en la maciza Torre de Comares el norteamericano opina que, un día, los terremotos «reducirán a un montón de ruinas este edificio que ya presenta señales de desmoronamiento» (p. 99).

Quizá será así, pero por el momento sigue allí arriba, impertérrito.

En Puerta Real se encontraban, en tiempos de Lorca, además del Suizo, dos cafés muy populares hoy desaparecidos: el Colón, al principio de la calle Mesones, esquina con Reyes Católicos, y, en la Acera del Casino, el Imperial, que tenía una terraza muy concurrida, subida en una plataforma de madera, conocida popularmente como «El Melonar». Desde este establecimiento, durante el verano de 1922, el poeta le escribió a Melchor Fernández Almagro: «Estoy en Granada, donde hace un calor verdaderamente infernal (qué *rarro*, ¿verdad?)» (*EC*, p. 154).

Después del Hotel Victoria, otro clásico referente granadino, situado al inicio de la Acera del Darro, llegamos en unos segundos a Casa Enrique, pequeño e íntimo bar familiar, más bien cueva, apodado «El Elefante». Se trata de uno de los locales más simpáticos de la ciudad gracias a la calidad humana del actual dueño, Enrique Martínez Baena, hijo y nieto, ya que no de Camborios, de taberneros.

Desde la calle, mirando hacia Sierra Nevada, comprobamos hasta qué punto la escena ya no es la que recogieron los fotógrafos hace setenta años. No solo ha desaparecido el Darro con su último puente, sino que altos y feos edificios han ido desplazando los de antes, cambiando perspectivas únicas y tapando vistas.

En tiempos de Lorca se podía apreciar desde Puerta Real, allí arriba, el pueblo de La Zubia, donde el «gurú» de la tertulia el «Rinconcillo», Francisco Soriano Lapresa, tenía una finca. Los «rinconcillistas» proyectaron, en 1922, levantar en dicha localidad, terrenos cedidos al efecto por Soriano, un morabito árabe en honor de

Abentofail y otras lumbreras de la cultura islámica granadina. Lorca, rebosando entusiasmo, describió el proyecto en una carta de julio de 1922 a Melchor Fernández Almagro. Dentro habría una biblioteca de cosas árabes de Granada; el pintor Manuel Ángeles Ortiz decoraría el interior con temas orientales; fuera se plantarían cipreses, palmeras y sauces; se invitaría a sabios moros de todo el Oriente; se haría una antología de Abentofail. «¡Qué alegría, Melchorcito —siguió—, ver desde Puerta Real la blanca cúpula del morabito y la torrecilla acompañándola! Además, sería el primer recuerdo que se tuviera en España para estos sublimes hombres, granadinos de pura cepa, que hoy llenan el mundo del Islam» (*EC*, p. 149). Pero, como tantos proyectos de aquella entusiasta pandilla de jóvenes amantes del arte, el morabito nunca se construyó. Y aunque hubiera cuajado, hoy no se podría ver desde la Puerta Real debido a las nuevas construcciones que bordean la Carrera de la Virgen.

La estrecha calle de Puente de Castañeda recuerda con su nombre al penúltimo que cruzaba el Darro. Aquí, hasta poco después de la guerra, emergía el río al aire libre. Al final de la calle, esquina a la de San Antón, vivía el cuñado de Lorca, el doctor Manuel Fernández-Montesinos Lustau, casado con su hermana Concha. Cuando estalló la sublevación en julio de 1936 Fernández-Montesinos llevaba ocho días como alcalde socialista de Granada. Fue fusilado por los fascistas la mañana del 16 de agosto siguiente, el mismo día de la detención del poeta.

En la esquina de Puente de Castañeda con la Acera del Darro se halla, en la número 44, el Hotel Montecarlo, que incorpora la que fue primera casa alquilada por los García Lorca en Granada, la entonces 66. Su interior ha sido cambiado de cabo a rabo. En un piso superior vivió, casi hasta su muerte, una de las primas favoritas del poeta, Clotilde García Picossi.

Francisco García Lorca, cuatro años menor que Federico, ha evocado la vivienda en su libro sobre el poeta. Era de las que se llamaban entonces en Granada «casas solas». Tenía varias plantas, un patio y un jardín al fondo del cual había una pequeña cuadra y un corral. «Era un jardín umbrío —recuerda—, con una parra que cubría un espacio finamente empedrado donde había un pequeño surtidor. En el centro del jardín se levantaba un espléndido magnolio. En la pared del fondo crecían geranios y, en los macizos, violetas azules y blancas y siemprevivas. Sobre otro de los muros se extendían un rosal de pitiminí rosa y una enorme madreselva» (p. 70).

Francisco subraya el hecho de que, al trasladarse la familia a Granada, no se produjo una tajante ruptura con su vida anterior en la Vega. Llegaban desde ella con frecuencia parientes y amigos, que solían hospedarse con ellos; en las salas bajas, y en la despensa, se amontonaban las frutas traídas de las fincas del padre; en verano siempre pasaban una temporada en Asquerosa; y, más importante aún, en casa nunca faltaban criadas del campo. Entre estas la más querida, Dolores Cuesta, antigua nodriza de Francisco en Fuente Vaqueros, les había acompañado a Granada. En las campesinas de Lorca —en sus frases, su sentido del humor, su vitalidad— hay mucha Dolores Cuesta.

En 1916 la familia abandonó la Acera del Darro (cuya «orilla» opuesta se encuentra desde hace años muy degradada debido al largo edificio del Corte Inglés, heredado de Galerías Preciados), y, después de pasar un año en un piso de la Gran Vía, se instaló en un bello inmueble, ya demolido, de la Acera del Casino.

Bajemos ahora al final de la Acera del Darro para observar el sitio donde, al lado del puente, el río sale de su túnel oscuro para juntarse con el Genil. La extensión del Embovedado hasta aquí después de la Guerra Civil completó el castigo de la corriente, y el lugar de la confluencia no tiene nada de lirismo.

Al otro lado de la calle está la plaza del Humilladero, rincón por donde se dice que entraron los Reyes Católicos en Granada. Desde aquí vale la pena dar un pequeño garbeo por el atractivo paseo del Salón, que se funde a continuación con el de la Bomba. Se trata del paraje conocido en el siglo XIX como la Alameda, punto de reunión de las familias con pretensiones sociales, que solían frecuentarla para exhibir con la debida discreción a sus hijas (con la esperanza de encontrarles novio). En *Doña Rosita la soltera* hay una divertida alusión a la importancia que antes tenía este espacio en la vida de la ciudad. Allí la Madre, quejándose de su progenie aún sin casar, exclama: «No nos podemos extralimitar lo más mínimo. Muchas veces les pregunto: "¿Qué queréis, hijas de mi alma: huevo en el almuerzo o silla en el paseo?" Y ellas me responden las tres a la vez: "sillas"» (II, 554).

Al otro lado del río está el colegio de los Escolapios, donde solían acudir los hijos de las acomodadas familias católicas de Granada. Federico García Rodríguez no quiso que sus vástagos fuesen educados por curas, y los mandó a otra escuela, laica. Hoy parte del complejo de los Escolapios se ha convertido en hotel.

En el paseo de la Bomba vivían, en la entonces número 3, un gran amigo de Lorca, Miguel Cerón Rubio, y el famoso catedrático socialista Fernando de los Ríos, que tanta huella dejó en el poeta. Cuando llegué a Granada en 1965 existía todavía el edificio. Allí visité con frecuencia al elegante y bondadoso Cerón, que tenía un piso repleto de cuadros granadinos y una excelente biblioteca que incluía una primera edición de *Libro de poemas* y un ejemplar de la monografía sobre el corporativismo italiano publicada en 1937 por el hombre que detuvo a Lorca, Ramón Ruiz Alonso. Monografía cuya existencia no había yo sospechado hasta entonces.

En 1965 el Genil apenas tenía aquí caudal, ya que, más arriba, lo acaparaba la llamada Acequia Gorda. Ahora, con las obras hidráulicas que se han llevado a cabo, la situación ha mejorado. Los granadinos son muy conscientes, de todas maneras, de que, si bien el río tiene proporciones mínimas a su paso por la ciudad, se va convirtiendo poco a poco en uno de verdad. De hecho tiene 358 kilómetros de longitud y, después de pasar por Loja, Puente Genil y Écija, desemboca en el Guadalquivir en Palma del Río.

En su «Baladilla de los tres ríos», de *Poema del cante jondo*, Lorca compara Sevilla y Granada a través de sus ríos. La capital andaluza habla de amor, de libertad, de ancho mundo, de aventura. Pero en Granada imperan la frustración y la muerte («¡Ay amor que se fue y no vino!»):

> *Para los barcos de vela*
> *Sevilla tiene un camino;*
> *por el agua de Granada*
> *solo reman los suspiros.*   (I, 305)

Otros cuatro versos, con su alusión a la Giralda, desarrollan el tema:

Guadalquivir, alta torre
y viento en los naranjales.
Dauro y Genil, torrecillas
muertas sobre los estanques.   (I, 305)

Ya que estamos hablando otra vez del Darro y del Genil, no estará de más volver a mencionar el río fantasma de Granada, que casi nadie ha visto. Se llama el Beiro. Baja en teoría desde la Sierra de Víznar a la Vega, pero, que yo sepa, jamás se ha percibido en ella más que unas gotas de agua. No se alude en la obra de Lorca. Es blanco de chistes granadinos, de ahora y de antes, algunos de los cuales conocería con toda seguridad el poeta.

La cercana iglesia de Nuestra Señora de las Angustias, patrona de la ciudad, se terminó en 1671. Por algo da su nombre a la Carrera de la Virgen, porque es, sin duda alguna, el templo más frecuentado por los granadinos, que le profesan una gran devoción. Como dice la copla popular:

Dos cosas tiene Granada
que le envidia el universo:
la Virgen en la Carrera
y San Miguel en el cerro.

La ermita de San Miguel Alto, que corona el cerro de este nombre que se levanta detrás del Albaicín, es un referente lorquiano de suma importancia.

Pronto llegamos a la que fue Diputación Provincial, el antiguo Palacio de Bibataubín, con sus columnas salomónicas.

Aquí delante, en el jardinillo, el Ayuntamiento del Partido Popular mantuvo hasta julio de 2014 el monumento franquista a José Antonio Primo de Rivera, solo quitado, esperando hasta el último momento, por orden del Tribunal Superior de Justicia de Andalucía. En su lugar se instaló sin perder un minuto otra escultura del mismo artista, que representa a una niña arrodillada. Donde, unos días antes, la inscripción rezaba «Granada a José Antonio», ahora decía «Granada a Francisco López Burgos Premio Nacional de Escultura» (bajo el franquismo). Para mayor inri la placa trasera indicaba: «Granada, ciudad amiga de la infancia.» Se trataba ni más ni menos que de un corte de mangas a los perdedores de la Guerra Civil.

La inmediata plaza del Campillo merece con creces nuestra atención no solo por sus magníficos y vetustos plátanos, los árboles más altos de Granada. Aquí, en *Mariana Pineda*, viven las dos hijas del Oidor de la Chancillería. Y aquí, en el ángulo sur de la plaza, colindante con la antigua Diputación Provincial, está el que fue Café Alameda y que hoy, muy reformado, se llama Café-Bar Restaurante Chikito. Se trata de uno de los sitios lorquianos míticos, pues en el Café Alameda —como consta en un azulejo colocado en la fachada del edificio— se reunía la tertulia del poeta y sus amigos conocida como el «Rinconcillo». El escritor granadino José Mora Guarnido, uno de los primeros biógrafos de Lorca y «rinconcillista» él mismo, ha descrito con maestría el ambiente:

Por las mañanas y hasta las primeras horas de la tarde, sus clientes eran los bravucones de los Mataderos, la Pescadería y el Mercado de Abastos, gentes de «pelo en pecho» como se dice tontamente, que iban a sus negocios; por las tardes y noches, acudían allí los torerillos, los aficionados al flamenco, tocaores y cantaores del Café Cantante «La Montillana» situado en las cercanías, abastecedores de chulos y «amigos» de «La Manigua» (barrio galante), el público del frontero Teatro Cervantes, donde las compañías de *género chico* daban en las primeras horas de la noche zarzuelas morales para las familias, y en las últimas horas piezas pornográficas para los prudentes caballeros que se dan de cuando en cuando el lujo de lanzar una cana al aire. Lo curioso del caso es que, no obstante aquella heterogénea clientela, el Café mantenía permanentemente un quinteto de piano e instrumentos de cuerda que daba todas las noches, hasta las doce, conciertos con programas de música clásica, y, lo más curioso, que, contra todo lo que se dice respecto a la capacidad de recepción de los públicos, aquella clientela escuchaba con gusto y respeto los conciertos.   (p. 51)

El programa de dichos conciertos se anunciaba cada día en *El Defensor de Granada*.

Eran, sí, otros tiempos, pero hay que reconocer que el lamentado dueño del Chikito, Luis Oruezábal, secundado por sus hijos, hizo todo lo posible por que no se olvide el glorioso pasado del local, donde de vez en cuando se organizan actos «lorquianos» y hay incluso un «rincón» del comedor dedicado al grupo, con un busto del poeta y una placa donde figuran sus nombres.

El «Rinconcillo» tuvo sus días de más esplendor entre 1915 y, aproximadamente, 1922. Después, con el traslado a Madrid y otros lugares de muchos de sus componentes, se fue disgregando. La peña, según una acertada metáfora de discutida autoría, resultó ser una *palma real*, y sus miembros —así como los cohetes de este tradicional y espectacular fuego de artificio granadino— irían a caer en los sitios más diversos e inesperados.

Era un grupo de jóvenes de innegable talento e inquietud artística que, en sus largas sesiones nocturnas, intercambiaban ideas, inventaban proyectos e influían unos en otros. Consignemos los nombres de los principales contertulios, además de Lorca y Mora Guarnido: Francisco Soriano Lapresa (Supremo Sacerdote del cónclave), los pintores Manuel Ortiz (luego Ángeles Ortiz) e Ismael González de la Serna, Melchor Fernández Almagro, José Fernández-Montesinos, Antonio Gallego Burín, José Navarro Pardo, Miguel Pizarro, Constantino Ruiz Carnero, Luis Mariscal, Francisco García Lorca, Juan Cristóbal, Ramón Pérez Roda y Hermenegildo Lanz.

Cuando llegaban músicos, artistas o escritores extranjeros a Granada, los «rinconcillistas» se encargaban de mostrarles no solo la Alhambra y el Generalife sino algunos de los recovecos inéditos de la ciudad. Su hospitalidad fue disfrutada por, entre otros, H. G. Wells, Rudyard Kipling, John Brande Trend (luego catedrático titular de Español en la Universidad de Cambridge), Arthur Rubinstein y Wanda Landovska. A veces participaba en estos recorridos Manuel de Falla.

Los «rinconcillistas» fueron testigos del cambio de vocación de Lorca cuando, en 1916, murió su maestro de piano, Antonio Segura Mesa, y, presionado por sus padres, tuvo que abandonar el propósito de dedicarse profesionalmente a la música. Sorprendidos, los amigos conocieron entonces sus primeros poemas y prosas y descubrieron que ya no solo se trataba del pianista del grupo sino de un gran escritor en potencia.

Diez años después, los redactores de la revista vanguardista *gallo,* con Federico a la cabeza, se reunían en las mismas mesas —o en las de la terraza de la plaza, bajo los plátanos— para preparar su asalto a los «putrefactos» burgueses granadinos.

Como hemos visto, Mora Guarnido se refiere en su descripción del «Rinconcillo» al cercano distrito «galante» de La Manigua. Allí, según me contó Miguel Cerón, se iniciaban en el sexo muchos chicos granadinos de entonces. Algunos de los burdeles eran muy lujosos, y Cerón gustaba de recordar cómo, en época de fiestas, él y algunos amigos solían pasar en ellos varios días sin apenas salir a la calle. Pero ya en los años treinta La Manigua tenía los días contados y, después de la Guerra Civil, las nuevas autoridades franquistas la tiraron abajo. Hoy no queda rastro de ella.

A dos pasos está la plaza de Mariana Pineda («la Mariana», como se la suele llamar), con su estatua de la heroína granadina ejecutada en 1831 por haber bordado una bandera liberal. Rezan sendas inscripciones en los cuatro lados del plinto: «La posteridad admirará sus virtudes», «Víctima de la Libertad», «Granada al heroísmo de Doña Mariana Pineda» y (casi ilegible) «Con el secreto inmortalizó su nombre».

Cuando el joven Federico de once años llegó a Granada en 1909 con su familia oyó otra vez las melancólicas coplas que, de niño en Fuente Vaqueros, había cantado «en corros que se abrían y cerraban rítmicamente»:

> *¡Oh! qué día tan triste en Granada,*
> *que a las piedras hacía llorar*
> *al ver que Marianita se muere*
> *en cadalso por no declarar.*

Marianita, sentada en su cuarto,
no paraba de considerar:
«Si Pedrosa me viera bordando
la bandera de la libertad.»   (III, 490)

Cabe deducir que la estatua influyó en la creciente fascinación que le provocaba la heroína. La idea de escribir una obra de teatro inspirada en su conmovedora historia cuajó hacia 1922. Pasó por varias redacciones. Se estrenó, tras muchos problemas, en la Barcelona del verano de 1927, con decorados de Salvador Dalí.

El 29 de mayo de 1929, poco antes de que el poeta embarcara para Nueva York, la actriz catalana Margarita Xirgu la representó aquí, en el Teatro Cervantes —demolido en 1966— en presencia de Lorca y casi se podría decir, por su proximidad, de la misma estatua, situada directamente en frente.

Hoy la plaza ha cambiado a peor, muy a peor, y han desaparecido todos los edificios antiguos que la caracterizaban. En el sitio ocupado por el Teatro Cervantes hay un bloque feísimo de oficinas y viviendas.

Muy cerca, saliendo de la cuesta del Progreso, nos encontramos en la calle Varela, desde la cual se aprecia, allí arriba al fondo, la Torre de la Vela. En la casa número 6 (esquina a la calle de San Antonio) se inauguraron, en febrero de 1926, los locales del Ateneo Literario, Científico y Artístico de Granada. Se trataba, según me contó Manuel López Banús, uno de los redactores de *gallo*, de una casa antigua, con artesonado, patinillo y fuente. Hoy el interior es irreconocible.

El Ateneo se fundó en oposición al Centro Artístico, ya decrépito, a iniciativas de Fernando de los Ríos, Manuel de Falla, Francisco Soriano Lapresa, Lorca y otros, y agrupó, durante varios años, a la intelectualidad más avanzada de Granada. Aquí pronunció el poeta la conferencia inaugural de la flamante asociación el 13 de febrero de 1926: *La imagen poética de don Luis de Góngora.*

La cuesta del Progreso (en cuyo número 3 tenía Falange Española de las JONS su local antes de la guerra), conduce a la cercana plaza de Campos.

Al otro lado de la misma se encontraba uno de los teatros de más abolengo de Granada, el Isabel la Católica (destruido en 1936). El 7 de octubre de 1932 La Barraca, el teatro ambulante de la Universidad de Madrid que dirigía Lorca, representó aquí el auto sacramental *La vida es sueño*, de Calderón. En sus palabras de presentación, el poeta, vestido con el «mono» azul de la agrupación estudiantil, habló de la gran satisfacción que le producía encontrarse ante el público del mismo coliseo donde, de niño, «se había asomado, atónito, a los poemas dramáticos nacionales» que ahora él tenía «el honor» de resucitar.[1]

Eran, sin duda, palabras sinceras, pues por el Isabel la Católica habían desfilado todas las grandes compañías españolas y los más destacados actores.

En el otoño de 1926 el Ateneo de la calle Varela se trasladó a un local más amplio situado en la segunda planta de la parte trasera del Teatro Cervantes. Allí dictó Lorca, el 17 de octubre de 1926, su conferencia sobre el poeta granadino barroco Pedro Soto de Rojas, mencionada en nuestra Introducción. El 28, en el último de los actos de homenaje al mismo poeta, leyó la «Égloga» de este y un fragmento del largo poema de Gerardo Diego, *Fábula de Equis y Zeda*. Terminado el acto, un nutrido

1. *El Noticiero Granadino*, 8 de octubre de 1932.

grupo de socios del Ateneo subió a la casa de Soto de Rojas en el Albaicín, la de los Mascarones, donde tuvo lugar la inauguración del azulejo conmemorativo dibujado unos meses antes por Hermenegildo Lanz.

En 1928 Lorca dio otras dos conferencias en el Ateneo. Revelaban su alejamiento del gongorismo y aproximación al surrealismo: *Imaginación, inspiración y evasión en la poesía* y, como remate de una «noche de "gallo"» organizada por los amigos de la revista vanguardista, *Sketch de la nueva pintura*. Mandó una copia del programa a Jorge Guillén. La sesión había resultado «deliciosa», y en ella «el grupo de granadinos jóvenes demostró una vez más que Granada es la indiscutible capital literaria de Andalucía» (*EC*, p. 597).

En el hoy número 15 de la inmediata Acera del Casino —entonces era el 31— estaba el edificio con noble fachada al cual se mudó en 1917, después de un año en la Gran Vía, la familia del poeta, ocupando su segunda y tercera plantas. Pertenecía a una de las familias más ricas de la ciudad, los Moreno Agrela, y por desgracia fue demolido en los años setenta del pasado siglo para dar paso al actual inmueble anodino.

En agosto de 1929 Lorca escribió a su familia desde Nueva York: «Hace un momento acabo de recibir una preciosa fotografía de la Acera del Casino a vista de pájaro (o de aeroplano) que me ha enviado un amigo americano. Salió en un periódico de Chicago y él me la envió en seguida, suponiendo que en ella estaría mi casa. Y en efecto. En el centro de la foto se ve la casa y el grupo de los árboles del Campillo» (*EC*, p. 637).

Desde los balcones altos del inmueble había vistas de la Vega y Sierra Nevada, mientras las ventanas traseras daban sobre el Teatro Cervantes y la plaza de Mariana

Pineda. «Yo tenía en Granada su estatua frente a mi ventana, que me miraba continuamente —le contó Lorca a un periodista de Buenos Aires en 1933—. ¿Cómo no había de creerme obligado, como homenaje a ella y a Granada, a cantar su gallardía?» (III, 480). A otro le dijo: «Desde que abrí los ojos o me asomé por la ventana de mi casa, en la gris plaza vecina, la veía altiva sobre la columna, sueltos los cabellos, en el cielo la mirada, apretando contra el cuerpo la bandera de la libertad. Mariana Pineda, la mujer garrida, valerosa y terriblemente hermosa, puesta allí como el símbolo de un ideal revolucionario» (III, 499).

En la casa de la Acera del Casino montaron el poeta y Manuel de Falla, para el día de los Reyes Magos de 1923, una maravillosa fiesta de títeres que consistía en la representación, con música de Stravinsky, del entremés *Los dos habladores* (entonces todavía atribuido a Cervantes), *La niña que riega la albahaca y el príncipe preguntón*, original de Lorca basado en un cuento popular, el *Misterio de los Reyes Magos* del siglo XIII (con figurillas de cartón plano) y varias canciones medievales. Aquella insólita celebración para niños —y mayores— fue todo un éxito y dejó recuerdos imborrables en quienes tuvieron la suerte de presenciarla o de participar en ella. Falla, que dirigió la pequeña orquesta, recordó con emoción la efemérides en el exilio argentino de la posguerra, hablando con su biógrafo Jaime Pahissa (pp. 126-127), y Lorca por su parte gustaba de evocar la seriedad con la cual el maestro «se entrenó» para una función que, al fin y al cabo, «solo» era para niños. En 1934, en pleno triunfo bonaerense, puso en boca de su muñeco Don Cristóbal una referencia a todo ello (equivocándose en cuanto a la estación del año):

Señoras y señores: no es la primera vez que yo, don Cristóbal, el muñeco borracho que se casa con doña Rosita, salgo de la mano de Federico García Lorca a la escenita donde siempre vivo y nunca muero. La primera vez fue en casa de este poeta, ¿te acuerdas, Federico? Era la primavera granadina y el salón de tu casa estaba lleno de niños que decían: «Los muñecos son de carnecilla, ¿y cómo se quedan tan chicos y no crecen?» El insigne Manuel de Falla tocaba el piano, y allí se estrenó por primera vez en España *La historia de un soldado,* de Stravinsky. Todavía recuerdo la cara sonriente de los niños vendedores de periódicos que el poeta hizo subir, entre los bucles y las cintas de las caras de los niños ricos.   (II, 707)

Da lástima que nadie pensara en conservar la hermosa fachada del inmueble donde vivió el poeta durante aquellos años tan formativos. Pero poderoso caballero es Don Dinero, y Granada no es excepción a la regla.

Delante de la casa está la Fuente de las Batallas, que antes de la construcción del aparcamiento subterráneo se encontraba en medio de la calle. Hay que decir que el Ayuntamiento ha hecho un loable esfuerzo por peatonalizar este lugar, esfuerzo agradecido por ribereños y forasteros, que, aprovechando los bancos instalados a tales efectos, toman aquí el sol o se reúnen para charlar.

El Casino que dio su nombre a la acera, fundado en 1844, ha desaparecido. Estaba situado al número 19 de la hoy Carrera de la Virgen (antes Carrera del Genil). A Lorca no le hacía mucha gracia, ni el hecho de que su padre fuera socio. Se comprende, toda vez que el *Anuario de Granada* de Seco de Lucena correspondiente a 1917 nos revela que el objeto de la casa era conseguir, «con la reunión de personas distinguidas, los recreos que proporciona la buena sociedad». El autor nos informa acerca del modo de elegir a los nuevos socios. Habiendo propuesto uno de los fundadores una admisión, la Junta Directiva votaba al respecto, en secreto, por medio de bolas blancas y negras, «entendiéndose que no es admitido el individuo propuesto que obtenga cuatro de las últimas» (p. 97). El procedimiento nos recuerda el referido en la proyectada obra de Lorca, *La bola negra*, donde un hijo anuncia allí a su padre que ha sido echado de un club ¡por homosexual! (Rivas Cherif, p. 3).

Desde luego, ningún gay habría sido admitido por el Casino de Granada.

En mayo de 1932 fue incendiado. En 1933 Lorca le contó el incidente, en los siguientes términos, al periodista argentino Pablo Suero:

—Era apenas caído el rey. Los campesinos de Granada incendiaron el Casino aristocrático. A la voz de alarma, fue toda Granada. Mi padre, mi hermano Paco y yo estábamos entre la multitud. Las llamas se llevaban todo aquello y mi hermano y yo mirábamos sin inquietud, casi con alegría, porque envuelto de aquellas llamas se iba algo que detestábamos. Mi padre dijo de pronto:

«—¡Qué lástima!»

Yo comprendí que lamentaba ver destruido aquel sitio que fue su refugio habitual de muchos años. Mi hermano y yo cambiamos una mirada. No sé cuál de los dos decía:

«—¡Me alegro!... Es encantador mi padre...» (III, 450)

El Casino volvió a abrir sus puertas en otro sitio. En 1935 visitó a Lorca en Granada el escritor gallego Eduardo Blanco-Amor, homosexual muy desinhibido. El poeta le llevó allí para que pudiera observar a la flor y nata de los «putrefactos» locales. A Blanco-Amor no le gustó nada el espectáculo. Tuvo la impresión de que los socios envidiaban a Federico por sus éxitos en Buenos Aires... y el dinero que había traído. Uno de ellos hasta les espetaría: «¡Dicen que ustedes los poetas sois maricones!» «¿Y qué es POETAS?», contestaría Lorca (Pérez Coterillo, pp. 17-18).

Solo añadiré que a dos pasos se encontraba la redacción de *El Defensor de Granada*, el diario republicano que tan de cerca siguió la carrera de Lorca, y cuyo director, Constantino Ruiz Carnero, «rinconcillista» e íntimo amigo suyo, corrió la misma suerte que él al principio de la Guerra Civil. El edificio ya no existe. Una colección casi completa del diario, clausurado por los rebeldes al inicio de la contienda, se conserva en la Hemeroteca Municipal.

Paseo Cuatro

«Estudiante empieza con E»[1]

Al lado del antiguo Suizo (hoy Burger King) de Puerta Real, en la estrecha, animada y peatonal calle Mesones, poco después de rebasada la vetusta y pintoresca farmacia Gálvez, se encontraba, en el número 12, esquina Caldereros, la Librería Enrique Prieto (entonces número 65), donde el joven Lorca tenía cuenta. En la actualidad ocupa su lugar una zapatería de niños, Nico. El sello de Enrique Prieto figura en muchos de los libros del poeta conservados por la Fundación Federico García Lorca.

Un poco más adelante, a la izquierda, estaba (en el entonces número 52) la imprenta de Paulino Ventura Traveset, fundada en 1835 y, a la vez, la librería más antigua de la ciudad. Aquí publicó Ángel Ganivet, en 1897, su *Idearium español*. Al año siguiente la casa sacó la primera traducción castellana de *Los cuentos de la Alhambra*, de Washington Irving. En 1918 se encargó del libro inaugural de Lorca, *Impresiones y paisajes*, costeado por su padre, y, diez años después, en 1928, de los dos núme-

1. *La doncella, el marinero y el estudiante*, II, p. 178.

ros de la revista vanguardista *gallo*, preparada por el poeta y sus amigos, que causó cierto revuelo en la ciudad.

Casi enfrente entramos en la diminuta calle de Arco de las Cucharas. Este fue demolido a finales del siglo XIX (y reconstruido al lado de la avenida central del bosque de la Alhambra). En la acotación del «Prólogo» de *Mariana Pineda* se indica que el telón representa «el desaparecido arco árabe de las Cucharas y perspectiva de la plaza Bibarrambla» (II, 84).

En el edificio que, a mano derecha, hace esquina con dicha plaza se encontraban los almacenes La Esperanza, de Miguel Rosales Vallecillos, padre del poeta Luis Rosales, el amigo poeta de Federico que luego trataría de salvarlo.

Antaño tradicional punto de encuentro de gitanos y de corredores del Albaicín, Lorca debió cruzar por aquí habitualmente cuando iba desde su casa a la escuela, al Instituto y luego a la Universidad. «En la plaza de Bibarrambla las campanas de la catedral, campanas submarinas con algas y nubes, no dejan hablar a los campesinos», nos asegura en *Cómo canta una ciudad de noviembre a noviembre* (III, 144).

En el centro se halla la fuente más curiosa de Granada, conocida popularmente como «de los Gigantones» por las cuatro figuras grotescas que, a manera de cariátides, la sostienen sobre sus hombros.

Domina la cercana plaza de las Pasiegas la fachada principal de la masiva catedral renacentista, que no le gustaba nada al poeta. «Parece que Granada no se ha enterado de que en ella se levantan el palacio de Carlos V y la dibujada catedral —afirma en su conferencia sobre el poeta barroco Pedro Soto de Rojas—. No hay tradición cesárea ni tradición de haz de columnas. Granada todavía se asusta de su gran torre fría» (III, 80).

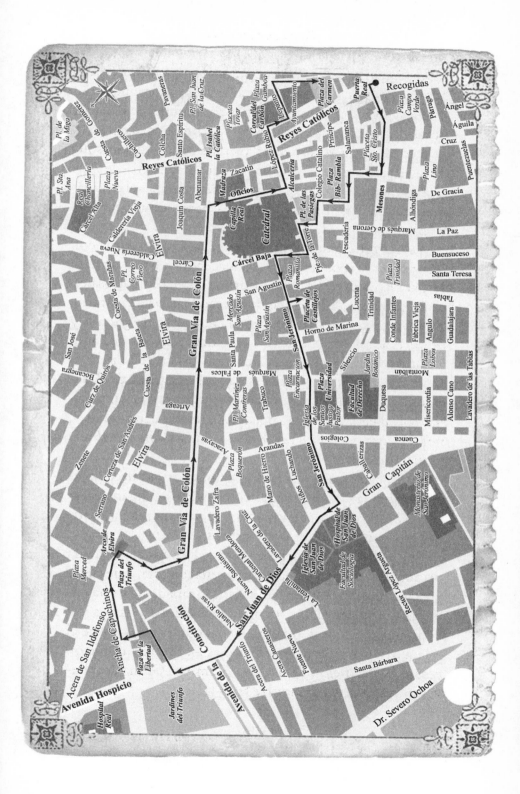

Se trata de la célebre «torre mocha» del enorme edificio, que se encuentra casi encima de nuestra cabeza.

Cada jueves de Corpus Christi le encantaba presenciar la salida, por su puerta principal, de la custodia del Santísimo, que recorría calles alfombradas de pétalos de rosas y plantas aromáticas. Y cuando estaba ausente de la ciudad en tales fechas solía sentir una acuciante nostalgia, según han dicho varios amigos suyos. En *Cómo canta una ciudad de noviembre a noviembre* evoca el bullicio de este día tan celebrado por los granadinos:

Asoman los gigantes y el dragón de la Tarasca y los enanitos del Corpus. De pronto las granadinas, con sus hermosos brazos desnudos y sus vientres como magnolias oscuras, abren en la calle quitasoles verdes, naranja, azules, entre el frenesí de las iluminaciones y de los violines y de los coches enjaezados, en un *carrousel* del amor, de galantería, de nostalgia en el castillo de irás y no volverás de los fuegos artificiales. (III, 144)

En la calle de Cárcel Baja, a la sombra de la catedral, hay cada día un espectacular mercado al aire libre de especias y plantas medicinales. En él encontrarás aquella manzanilla pregonada en *Doña Rosita la soltera* («¡Manzanillaaaa finaaa de la sierraa!»), abrótano macho para la calvicie, flor de naranjo para los nervios... en fin, el remedio para cualquier problema físico o síquico.

De aquí arranca la calle de San Jerónimo. Casi en seguida, a nuestra izquierda, una callecita estrecha conduce a la plaza de la Romanilla donde se encuentra, en un edificio nuevo todavía sin inaugurar a la hora de imprimirse este libro, la sede de la Fundación Federico García Lorca, antes ubicada en la Residencia de Estudiantes de Madrid. Cuando se abra será de visita obligada para el estudioso del poeta, que debe cerciorarse al respecto en los medios antes de visitar la ciudad.

Dos pasos más y entramos, también a mano izquierda, en la minúscula placeta de Castillejos. En la casa número 3, al fondo, se encontraba el Colegio del Sagrado Corazón de Jesús, regido por Joaquín Alemán Barragán, pariente de Vicenta Lorca Romero, madre del poeta, donde estudiaron Federico y Francisco. La casa, hoy dividida en varios pisos, conserva tal cual su patio, con sus ocho columnas, su surtidor y su pilar.

Federico García Rodríguez no quería (ya lo dijimos) que sus dos hijos varones estudiasen «con los curas». En vista de que Joaquín Alemán era a la vez pariente de su mujer y director de un colegio de orientación laica (pese a su nombre), se tomó la decisión de enviar aquí a los chicos.

En este establecimiento el poeta estudió los años del bachillerato, asistiendo simultáneamente, por las mañanas, a las clases del Instituto.

Francisco García Lorca apunta que su madre tuvo que regañar con frecuencia a su hermano por su falta de aplicación escolar. «¡Cuántas veces habré oído aquella voz tan cultivada, diciendo: "¡Federico, estudia!"» (p. 82). Joaquín Alemán, por su parte, declararía años después a Jean-Louis Schonberg (seudónimo del barón Louis Stinglhamber), quizás algo injustamente, que el joven Lorca «no hacía más que dibujar, llenando sus cuadernos de figuras y de caricaturas» pero que, eso sí, «era un compañero excelente, de carácter fácil, dulce, casi como una niña» (p. 30).

En cuanto a los profesores, uno de ellos dejó huella en la obra del poeta, el de Literatura y Preceptiva Literaria, Martín Scheroff y Aví, que aparece en los momentos culminantes de *Doña Rosita la soltera* con su propio nombre de pila. Tenía, según Francisco García Lorca, cierta prestancia. Ya mayor cuando los dos hermanos ingresaron en el colegio, mantenía todavía erguido el cuerpo y se teñía el bigote. Vivía solo, y tenía, como incumbía a un hombre de su especialidad docente, pretensiones literarias, publicando artículos en la prensa local (sobre todo en *El Defensor de Granada*). En *Doña Rosita* Lorca recuerda con ternura los malos ratos que en el Sagrado Corazón pasaban aquel triste maestro y sus colegas. Allí cuenta don Martín:

Vengo de explicar mi clase de Preceptiva. Un verdadero infierno. Era una lección preciosa: «Concepto y definición de la Harmonía», pero a los niños no les interesa nada. ¡Y qué niños! A mí, como me ven inútil, me respetan un poquito; alguna vez un alfiler que otro en el asiento, o un muñequito en la espalda, pero a mis compañeros les hacen cosas horribles. Son los niños de los ricos y, como pagan, no se les puede castigar. Así nos dice siempre el Director. Ayer se empeñaron en que el pobre señor Canito, profesor nuevo de Geografía, llevaba corsé; porque tiene el cuerpo algo retrepado, y cuando estaba solo en el patio, se reunieron los grandullones y los internos, lo desnudaron de cintura para arriba, lo ataron a una de las columnas del corredor y le arrojaron, desde el balcón, un jarro de agua [...]. Todos los días entro temblando en el colegio esperando lo que van a hacerme, aunque, como digo, respetan algo mi desgracia. Hace un rato tenían un escándalo enorme, porque el señor Consuegra, que explica latín admirablemente, había encontrado un excremento de gato sobre su lista de clase.   (II, 568-569)

Tanto Canito como Consuegra existieron realmente y, gracias a Lorca, ya tienen un sitio seguro en los anales de la literatura universal. De Consuegra nos ha dejado una divertida anécdota Francisco García Lorca, al recordar algo ocurrido en el último piso de esta casa que tenemos delante, donde Joaquín Alemán había instalado un palomar y una canariera:

> Don Manuel Consuegra era extraordinariamente supersticioso. Un buen día de invierno, en esta habitación llena de jaulas, estábamos sentados alrededor de una mesa de camilla el director, don Manuel, Federico y yo. Federico, conociendo el flaco de don Manuel, dejó escapar el innombrable término: «culebra». En el mismo instante de una de las jaulas salieron unos lastimosos y agudos chillidos y cayó como fulminado uno de los mejores ejemplares de canarios del tío Joaquín. Don Manuel, entre indignado y temeroso, no se cansaba de repetir a Federico, que permanecía mudo: «¿Lo ves, niño, lo ves?» Yo no he podido explicarme la singular coincidencia, pero tengo para mí que de entonces data la actitud de Federico ante las supersticiones: decía no creer en ellas, pero, irónicamente, afirmaba que había que respetarlas.   (p. 84)

Y una pequeña observación. Francisco afirma que el colegio estaba «lejos de nuestra casa» (p. 76). Esta aseveración solo tiene sentido si tenemos en cuenta la reducida geografía de la Granada de entonces, pues en realidad el colegio del Sagrado Corazón distaba unos ochocientos metros de la vivienda de la familia en la Acera del Darro.

La calle de San Jerónimo conduce a la plaza de la Universidad. Ennoblece el edificio fundado por Carlos V, cuya estatua lo contempla, un hermoso pórtico con columnas salomónicas. Aquí estudió Lorca las carreras de Derecho y de Filosofía y Letras y trabó amistad con los dos catedráticos que más influencia iban a ejercer sobre él: Martín Domínguez Berrueta, titular de Teoría de las Artes y de la Literatura, y Fernando de los Ríos, de Derecho. Hoy el edificio alberga solamente la Facultad de Derecho (unas placas en la entrada recuerdan a algunos alumnos distinguidos, entre ellos Francisco Giner de los Ríos, fundador de la Institución Libre de Enseñanza, Blas Infante, «Padre de la Patria Andaluza», Nicolás Salmerón, uno de los cuatro presidentes de la Primera República y Nicolás Alcalá-Zamora, que lo fue de la Segunda).

En 1936 el Gobierno Civil ocupaba la parte trasera del edificio, que da a la calle Duquesa. Allí estuvo encerrado el poeta antes de ser fusilado.

Cuando los García Lorca llegaron a Granada en 1909 el Instituto General y Técnico no disponía de local propio y estaba instalado en el Colegio Mayor de San Bartolomé y Santiago (siglo XVI), que tiene un hermoso patio y un elegante pórtico. Se encuentra un poco más arriba en la acera izquierda de la calle de San Jerónimo. En él empezó Lorca el segundo curso del bachillerato aquel otoño. Uno de sus compañeros, el doctor José Rodríguez Contreras, ha contado que se mostraba tímido al principio entre los otros chicos, tal vez por ser de la Vega, es decir del campo, y no, como la mayoría de ellos, de la capital. Parece ser, en efecto, que aquella experiencia fue dura. «Federico era el peor de la clase —insistía Rodríguez Contreras—, no porque no fuera inteligente sino porque no trabajaba, porque no le interesaba. Muchas veces no iba a clase. Además, tuvo problemas con uno de los profesores, cuyo nombre lamento no recordar, que era un hombre muy poseído de macho y que no podía ver a Federico. Federico estaba siempre en el último banco.»[2]

En los poemas de Nueva York hay unos versos que bien podrían ser reminiscencia de aquel inicial fracaso escolar y social en Granada. En «Poema doble del lago Eden» leemos:

> *Quiero llorar porque me da la gana,*
> *como lloran los niños del último banco,*
> *porque yo no soy un hombre ni un poeta ni una*
> *   hoja,*
> *pero sí un pulso herido que ronda las cosas del*
> *   otro lado.*   (I, 538)

Y en «Infancia y muerte», donde el poeta se dirige a su infancia, «hijito» suyo:

> *Ahogado, sí, bien ahogado, duerme, hijito mío,*
> *   duerme,*
> *niño vencido en el colegio y en el vals de la rosa*
> *   herida,*
> *asombrado con el alba oscura del vello sobre los*
> *   muslos,*
> *asombrado con su propio hombre que masticaba*
> *   tabaco en su costado siniestro.*   (I, 587)

2. Gibson, *Federico García Lorca* (2011), p. 87.

Un maestro del Instituto a quien no olvidaría fue el catedrático de Literatura, Miguel Gutiérrez Jiménez. En su conferencia sobre Góngora, dictada, como vimos, en la sesión inaugural del Ateneo, en 1926, arremete irónicamente contra la mala enseñanza de la literatura en tales centros docentes, donde al gran poeta de Córdoba se prefiere al «insípido» Núñez de Arce, a Campoamor o al «Zorrilla malo» (a diferencia del «magnífico Zorrilla de los dramas y las leyendas»). Y surge el recuerdo de aquel maestro del Instituto de Granada —sin nombrarle por su nombre— que recitaba al Poeta Nacional «dando vueltas por la clase, para terminar con la lengua fuera entre la hilaridad de los chicos» (III, 1.307).

A Gutiérrez Jiménez también le recuerda José Mora Guarnido en su magnífico libro sobre el poeta (pp. 73-74).

«Estudié mucho. Estudié en el Sagrado Corazón de Jesús, en Granada. Yo sabía mucho, mucho. Pero en el instituto me dieron cates colosales», declaró Lorca en 1928 (III, 365). Su expediente demuestra, sin embargo, que durante los seis años del bachillerato solo fue suspendido cuatro veces. Aparte de algún pequeño descalabro, su carrera escolar transcurrió sin pena ni gloria. La de su hermano Francisco fue harina de otro costal: brillante.

Si prestaba poca atención a sus estudios, la razón principal era que se sentía sobre todo músico y creía que se iba a poder dedicar profesionalmente a esta vocación. Pero no sería así.

Siguiendo por la calle de San Jerónimo llegamos a la de San Juan de Dios. Enfrente se encuentra el hospital que lleva el nombre de este y donde, en 1911, murió Baldomero García Rodríguez, poeta y oveja negra de los García de Fuente Vaqueros muy admirado por Federico. Al lado del hospital está la iglesia dedicada al santo, con sus dos hermosas torres. Es una joya del barroco y podemos suponer que Lorca la conocería bien, aunque me parece que no la menciona en ninguno de sus escritos. Sí sabemos que admiraba profundamente al «dulce» san Juan de Dios, a quien menciona en un poema de *Libro de poemas*, «Preguntas» (I, 114-115).

Siguiendo arriba por la calle de San Juan de Dios llegamos a la avenida de la Constitución. Al otro lado de la misma, que ahora cruzamos, están los jardines del Triunfo, y, detrás, el imponente Hospital Real, iniciado en 1511 y terminado en 1522 por Carlos V. Hoy alberga la Biblioteca Central de la Universidad de Granada, que posee incunables de inmenso valor. Accedemos al edificio por la avenida del Hospicio. Vale la pena visitar la biblioteca, por la gran belleza de las salas. Aquí se pueden consultar los archivos universitarios, entre ellos el expediente de Lorca.

Desde la avenida del Hospicio entramos por unos escalones en la plaza de la Libertad, inaugurada en 1988 en homenaje a Mariana Pineda, a quien aquí ejecutaron las autoridades fernandinas. En los cuatro lados de la base de la cruz de hierro hay una inscripción del siglo XIX que reza: «En 25 de mayo de 1831 fue sacrificada en este sitio destinado al suplicio de los crímenes la joven Da. Mariana Pineda, porque anelaba [sic] la libertad de la Patria. El Ayuntamiento Constitucional y Audiencia territorial dispusieron, en 1840, que en memoria de tan ilustre víctima se colocase en este lugar el sagrado signo de nuestra Santa Religión y que no se volvieran a hacer ejecuciones de justicia en él.»

Richard Ford llegó a Granada poco después de la ejecución de la heroína. «Es la moderna santa mártir de

Granada —escribe—; y es que es la libertad y no la religión, lo que está ahora a la orden del día» (p. 153).

Hay que suponer que el poeta vino aquí a contemplar la cruz cuando componía su obra dedicada a Mariana.

La plaza de la Libertad desemboca en la del Triunfo, al otro lado de la cual se levanta el macizo arco árabe de Elvira mencionado por Lorca en su «Gacela del mercado matutino», poema que, según Eduardo Blanco-Amor, alude a un hecho amoroso real que el escritor gallego no elucida:

> *Por el arco de Elvira*
> *quiero verte pasar,*
> *para saber tu nombre*
> *y ponerme a llorar...*   (I, 644)

Hasta el Arco de Elvira llega, desde Plaza Nueva, la estrecha calle del mismo nombre, la más importante de Granada hasta la construcción, a finales del siglo XIX, de la rectilínea Gran Vía de Colón. La evoca la copla glosada por Lorca en el primer acto de *Doña Rosita la soltera*:

> Granada, calle de Elvira,
> donde viven las manolas,
> las que se van a la Alhambra,
> las tres y las cuatro solas...   (II, 538)

Por el Arco de Elvira salió a la Vega, el 24 de octubre de 1494 —dos años después de la toma de la ciudad por los Reyes Católicos— el viajero alemán Jerónimo Münzer. Se encontró con que ocupaba todos los terrenos situados delante del mismo un inmenso cementerio musulmán, con una parte antigua y otra nueva. En esta última, relata, «vimos enterrar a un hombre, y a siete mujeres, vestidas de blanco, sentadas cerca del sepulcro, y al sacerdote, con la cabeza hacia el mediodía, también sentado, y cantando a continuos y grandes alaridos, mientras que las mujeres sin cesar esparcían oloríferos ramos de mirto sobre la sepultura» (p. 50). No sé si Lorca conocía estos renglones de Münzer (la traducción española del latín original ya se había publicado), pero es posible. De todas maneras he querido citarlos aquí pues, aunque el poeta no supiera que delante del Arco de Elvira se extendía antaño aquel camposanto musulmán, desde hace siglos desaparecido debajo de las calles nuevas de la ciudad, quién sabe si no intuiría, sin que nadie se lo dijera, que el paraje «olía» a muerte, pues sabemos que tenía casi un sexto sentido en relación con ella.

La finisecular Gran Vía de Colon, que empieza su recorrido a pocos metros de aquí, fue construida gracias a los pingües beneficios generados por el nuevo y muy lucrativo cultivo, en la Vega, de la remolacha de azúcar. De repente Granada daba la impresión de haberse despertado y los empresarios locales decidieron que ya era hora de «modernizar» y «europeizar» la ciudad. Una de las expresiones de tal actitud fue la Gran Vía, cuya construcción conllevó la pérdida del barrio morisco y renacentista de la catedral y hasta de la casa del mismísimo arquitecto del templo, Diego de Siloé. Según el futuro alcalde de la ciudad, Antonio Gallego Burín, la iniciativa «deshizo media Granada» (prólogo a Ganivet, *Granada la bella*, p. 31). No es sorprendente que a algún gracioso se le ocurriera bautizar la arteria con el mote de «Gran Vía del Azúcar». La opinión de Lorca al respecto era tajante: se trataba de la calle «que tanto ha contribuido a deformar el carácter de los actuales granadinos» (III, 302).

Con todo, la Gran Vía, al inaugurarse, tenía un aspecto más noble que ahora, como se desprende de los edificios originales que aún quedan en pie. Varios de ellos son de estilo modernista y demuestran la influencia de la arquitectura barcelonesa de la época.

En la casa número 34, frente al monasterio de Santa Paula —hoy hotel de lujo— vivió la familia García Lorca entre 1916 y 1917. O sea, al abandonar la Acera del Darro y antes de instalarse en la Acera del Casino. Isabel, la hermana menor del poeta, me dijo que delante del inmueble había entonces un enorme ciprés. Era la época en que Federico mantenía una intensa correspondencia con un amigo de Úbeda, Lorenzo Martínez Fuset —luego asesor jurídico de Franco durante la Guerra Civil—, que le preguntaba insistentemente sobre su relación con la bella pero «fría» María Luisa Egea, que vivía al otro lado de la calle. Fuset también quería saber más acerca de la extravagante y guapísima Amelia Agustina González Blanco, que también residía en una cercana casa de la Gran Vía. Feminista y sufragista, Amelia Agustina fundó allá por 1920 un excéntrico partido político llamado «El Entero Humanista» y fue fusilada por los fascistas en 1936.

En la plaza de Isabel la Católica, un monstruoso edificio preside y domina el inicio de la Gran Vía. Se trata de uno de los peores crímenes urbanísticos cometidos en la ciudad bajo el franquismo. Delante del bodrio se encuentra el monumento verdoso de Colón y la reina, obra de Mariano Benlliure, casi invisible debido a los cristales del mismo color del desdichado edificio de marras. Antes estaba en el paseo del Salón. En el lugar que hoy ocupa se encontraban anteriormente el edificio de Correos y, a su lado, la casa de estilo seudoárabe que albergaba el

Centro Artístico, fundado en 1885. Lorca se dio de alta como socio el 11 de marzo de 1915 y de baja el 1 de diciembre de 1921, es decir, cinco años antes de la fundación del rival Ateneo Científico, Literario y Artístico.

En el Centro Artístico, Fernando de los Ríos, entonces su presidente, oyó, sorprendido, cómo un día alguien tocaba una sonata de Beethoven. Férvido admirador del compositor, bajó a enterarse de quién podía ser el intérprete... y se encontró con un joven llamado Federico García Lorca. A partir de aquel momento el gran catedrático y político socialista se interesaría vivamente por el poeta-pianista. Corriendo el tiempo, Francisco García Lorca, uno de sus más aventajados alumnos, se casaría con su hija Laura.

El Centro Artístico, pese a lo que Lorca pudiera pensar o decir de él después, tuvo importancia para su carrera y la de sus amigos. Aquí hicieron sus primeras exposiciones Manuel Ángeles Ortiz, Ismael González de la Serna (que diseñó la portada de *Impresiones y paisajes*) y el escultor Juan Cristóbal; aquí tocaron Manuel de Falla, Andrés Segovia y Ángel Barrios y dieron conferencias personajes tan diversos como el propio Fernando de los Ríos, Francisco Soriano Lapresa (gurú del «Rinconcillo»), José Ortega y Gasset, Eugenio d'Ors y Ramiro de Maeztu. Y aquí, en marzo de 1918, el joven Lorca leyó varios capítulos de *Impresiones y paisajes*. Parece que fue su primer recital público, y dejó deslumbrado a sus oyentes. «Diremos que durante todo el tiempo en que la voz clara y armónica de su autor resonó en la sala —escribió un amigo suyo, José Murciano, en la revista estudiantil *El eco del aula*—, puede decirse que jugó con el público; unas veces emocionándolo intensamente con sus descripciones de asuntos de tristeza y miseria; otras, con rasgos de humorismo lleno de gracia y perspicacia; no sabíamos si reír o llorar.»

Penetremos ahora en el compás catedralicio por la peatonal callecita de Oficios, una de las más atractivas y recoletas de la ciudad. El bello enrejado de hierro de la entrada a la misma protegía antes la de la Capilla Real y fue desplazado hasta aquí por el alcalde Gallego Burín después de la Guerra Civil. Observa el escudo real y las iniciales F (Fernando) e Y (Ysabel) que alternan a lo largo del mismo. Como vamos a ver, el recuerdo de los Reyes Católicos impregna todo este recinto.

Avanzando por Oficios tenemos a nuestra derecha la fachada sur de la catedral y, a nuestra izquierda, donde terminan los escalones, la Madraza, antigua universidad árabe. El edificio actual es posterior, pero conserva dentro parte del original.

Unos metros más abajo podemos contemplar el muro de la Capilla Real, con su puerta plateresca y su profusión de florones y pináculos góticos. Al lado, a la izquierda, está la Lonja, también de estilo plateresco (obra de Enrique Egas, hijo del arquitecto belga Jan van der Eycken). Aparecen otra vez, en los medallones del bello friso del muro de la capilla, las iniciales F e Y y, encima de la ventana que se encuentra a la derecha de la referida puerta, el escudo real con, a su izquierda, el simbólico yugo (Y) de Isabel y, a su derecha, las flechas (F) de Fernando. En la Capilla Real se aprecia la repetición de ambos motivos.

Accedemos al templo por la Lonja, que tiene un magnífico artesonado.

La Capilla Real fue construida entre 1506 y 1521 como mausoleo de los Reyes Católicos. Isabel murió en 1508, siendo enterrada primero en el convento de San

Francisco, cerca de la Alhambra. Fernando la siguió en 1520, pasando un año junto a ella antes de que se terminaran las obras de la Capilla Real y los restos de ambos fuesen trasladados a ella. Al lado de sus tumbas están las de su hija Juana la Loca y del marido de esta, el Habsburgo Felipe el Hermoso, hijo del emperador Maximiliano I, que murió en Burgos a la edad de veintiocho años. Si Fernando e Isabel no eran santos de la devoción de Lorca (la inscripción sobre su tumba empieza «MAHOMETICE SECTE PROSTRATORES ET HERETICE PERVICACIE EXTINCTORES», es decir, «Represores de la secta mahometana y extinguidores de la perversa herejía»), sentía por su desventurada hija una honda compasión, como se desprende de su temprano poema «Elegía a Doña Juana la Loca», fechado en Granada en diciembre de 1918 e incluido en *Libro de poemas*. Doña Juana es una de las primeras víctimas femeninas que se prodigan en su obra. Releyendo el poema uno se da cuenta de hasta qué punto se identifica con aquella desdichada criatura:

> *Nunca tuviste el nido, ni el madrigal doliente,*
> *Ni el laúd juglaresco que solloza lejano.*
> *Tu juglar fue un mancebo con escamas de plata*
> *Y un eco de trompeta su acento enamorado.*
>
> *Y sin embargo, estabas para el amor formada,*
> *Hecha para el suspiro, el mimo y el desmayo.*
> *Para llorar tristeza sobre el pecho querido*
> *Deshojando una rosa de olor entre los labios...* (I, 74)

Todo el poema crea la ilusión de que el poeta está delante de la tumba de la princesa en esta bellísima capilla.

Entre los muchos detalles notables de la misma, descollan la espléndida reja del maestro Bartolomé y, sobre todo, el interesantísimo retablo del altar mayor, atribuido a Felipe de Vigarni y recientemente restaurado.

No se permite aproximarse muy cerca del mismo, pero lo suficiente para poder «leer» los relieves que se encuentran en su parte inferior, a la derecha y a la izquierda del altar. Richard Ford no dudaba en declarar que «nada más curioso puede verse en España en este tipo de cosas» (p. 147). Encima de los relieves de la izquierda hay una talla orante del rey Fernando y, de los de la derecha, otra de la reina Isabel en la misma postura. Los dos de la izquierda representan la escena en la cual Boabdil baja de su caballo blanco y ofrece la llave de la Alhambra a los cristianos. El personaje a caballo en el primer panel es el cardenal Pedro González de Mendoza, conocido como el «tercer rey» de Castilla por su gran influencia en la corte. Su mano izquierda está abierta para recibir la llave. A su izquierda están Fernando e Isabel.

Los relieves a la derecha del altar muestran el bautismo forzoso de los musulmanes granadinos, que empezó en 1502, diez años después de la toma de la ciudad. Estas escenas (hombres en el primer panel, mujeres en el segundo) parecen pacíficas, tranquilas, pero en realidad eran todo lo contrario, como bien sabía Lorca. Puesto que los Reyes Católicos habían dado su palabra a los musulmanes, en las capitulaciones, para que pudiesen continuar practicando su religión sin trabas, estas imágenes son la viva y contemporánea demostración de la mala fe y duplicidad de los monarcas y sus asesores. Y uno se pregunta cómo se puede seguir celebrando en Granada, cada enero, la fiesta de la Toma (en medio, bien es verdad, de una viva polémica).

Desde la Capilla Real pasamos a la sacristía, que contiene una admirable colección de cuadros, muchos de los cuales pertenecieron a Isabel. Hay que destacar las dos obras de Rogier van der Weyden (una *Piedad* y una *Natividad*), la exquisita *Oración del Huerto*, de Botticelli (creo que mucha gente ignora que hay una obra del maestro italiano en Granada), y cinco preciosos cuadros de Hans Memling, entre ellos *La Virgen con el Cristo Muerto*, de soberana belleza. Extraordinario también es el retablo del *Tríptico de la pasión* (1521) de Dierick Bouts. Podemos tener la seguridad de que Lorca conocía muy bien estas obras. Y es que la pinacoteca de la Capilla Real ha supuesto siempre un orgullo para los granadinos de sensibilidad.

Por lo que le toca a la relación del poeta con el resto de la catedral, poco hay que decir. Si no le gustaba en absoluto el exterior de la misma, tampoco le podía complacer su interior frío y macizo. De todas maneras contemplarla, aunque someramente, nos ayuda a valorizar mejor su teoría, mantenida con tenacidad, según la cual lo pequeño, lo diminuto y lo primoroso constituyen lo esencial de la estética granadina. Sabría, además, que la catedral se había levantado sobre el solar de la Gran Mezquita, lo cual en absoluto le sería indiferente.

Frente a la Capilla Real está el Bar-Restaurante Sevilla, uno de los pocos establecimientos de hostelería anteriores a la Guerra Civil que todavía sigue en la brecha. Aquí ocurrió un episodio que gustaba de relatar Dámaso Alonso, que estuvo en Granada a finales de 1927 después de haber participado con Lorca y otros compañeros en el famoso homenaje a Góngora celebrado en Sevilla. Una noche Federico le invitó a cenar con él en este restaurante y, nada más sentados, llamó al camarero y le pidió «¡*Las Soledades!*». Alonso creía que se trataba de alguna especialidad de la casa, o quizás algún exquisito vino local, pero para su asombro el camarero empezó a recitar, con verdadero esmero y retentiva perfecta, los difíciles versos de la *Primera Soledad* del maestro cordobés. Unos días antes, en Sevilla, Dámaso, férvido gongorista, había logrado el prodigio de recitar el poema entero de memoria. Ahora Lorca había organizado las cosas para que cayera en la cuenta de que tenía un rival de cuidado en Granada. El «camarero» resultó ser el propietario del establecimiento, buen amigo de Federico.

Al lado está la Alcaicería, mercado de seda árabe muy famoso en su día. La edificación actual, sin embargo, no tiene «nada que ver con la antigua», según asegura el historiador de la ciudad Antonio Gallego Burín, ya que aquella se quemó en 1843. Se trata, es decir, de un pastiche. La calle de la Alcaicería desemboca seguidamente en el Zacatín. Continuando todo recto entramos en la calle de López Rubio. A mano derecha, en la de Tundidores, la última antes de llegar a Reyes Católicos, vivió en 1881 y 1882 la madre del poeta, Vicenta Lorca, que entonces tenía veintiún años. Cruzamos Reyes Católicos (debajo corre el Darro) y entramos, de frente, en otra minúscula calle, Puente de Carbón, recuerdo del que aquí había sobre el río.

Al fondo está el llamado Corral del Carbón, antigua alhóndiga de trigo musulmana del siglo XIV. Merece una breve visita por ser un edificio casi único en España, con un patio de impresionante sencillez.

Estamos ahora en la calle de Mariana Pineda. Bajemos por ella y cojamos la primera a la izquierda, Lepanto. Torciendo otra vez a la izquierda entramos en Escudo del Carmen, en cuyo número 8 vivía el maestro de piano de Lorca, Antonio Segura Mesa, muerto en 1916 a los setenta y cuatro años, que también fue profesor del guitarrista Ángel Barrios y de un famoso compositor de zarzuelas, Paco Alonso.

Lorca escribió que don Antonio, compositor que nunca consiguió la fama, le había iniciado en «la ciencia folklórica» (III, 306). No creo que lo hubiera dicho si no era verdad, aunque no tenemos documentación alguna sobre este aspecto de su relación con el viejo y romántico profesor. Segura, gran admirador de Verdi, había escrito una ópera de un acto, *Las hijas de Jefté*, que por lo visto fue pataleada en su única representación. Lorca se refiere a ella en *Doña Rosita la soltera*, convirtiéndola en obra de teatro del pobre don Martín.

Sintió profundamente la pérdida de Segura Mesa, quien le apoyaba contra sus padres en el empeño de ser músico profesional, y le dedicó así *Impresiones y paisajes*: «A la venerada memoria de mi viejo maestro de música, que pasaba sus sarmentosas manos, que tanto habían pulsado pianos y escrito ritmos sobre el aire, por sus cabellos de plata crepuscular, con aire de galán enamorado y que sufría sus antiguas pasiones al conjuro de una sonata Beethoviana. ¡Era un santo!» (IV, 50).

Las clases se daban en casa de los García Lorca en la Acera del Darro (aún no se habían mudado a la Acera del Casino).

Llegamos pronto a la plaza del Carmen, sede del Ayuntamiento. En los primeros momentos de la sublevación, que en Granada empezó el 20 de julio de 1936 (dos días después de que Queipo de Llano usurpara el poder en Sevilla), los insurgentes instalaron aquí una batería y detuvieron a los concejales del Frente Popular que se encontraban en el edificio, entre ellos el cuñado de Lorca, alcalde socialista de la ciudad, Manuel Fernández-Montesinos Lustau. Fueron llevados a la Cárcel Provincial. Muchos de ellos, Fernández-Montesinos incluido, serían fusilados poco tiempo después.

Frente al Ayuntamiento, en la esquina de la plaza con la continuación de Escudo del Carmen, estaba el Club Taurino, antes Café Royal y hoy Puerta del Carmen. El local fue incendiado durante los disturbios de marzo de 1936 como símbolo de la derecha granadina.

¿Por dónde habría ido Antonio Segura, rumbo de la casa de los García Lorca? ¿Cada vez por el mismo camino? ¿Le gustaba variar? Nada sabemos. Es difícil pensar, de todas maneras, que hombre tan serio y tímido, según los pocos testimonios que de él tenemos, se aventurase a internarse en el laberinto de callejuelas que tenía a su izquierda. O sea, en el ya mencionado «barrio galante» de La Manigua, para así desembocar en la plaza de Mariana Pineda y continuar desde allí a la Acera del Darro. Probablemente seguiría de frente.

Y aquí nos despedimos de aquel apasionado discípulo de Verdi a quien tanto quería y debía el poeta.

Paseo Cinco

«El dolor o la muerte me cercan la casita»[1]

La calle Recogidas sale hacia la Vega desde Puerta Real. Unos metros más abajo, junto a la entrada al convento de San Antón, se encontraba hasta 1958 el edificio que, anteriormente, fue Beaterio de Santa María Egipciaca, o de las Recogidas, fundado en el siglo XVI, donde, en régimen carcelario, se «recogía» a las prostitutas. En el Beaterio, que dio su nombre a la calle e inspiró, después de la Guerra Civil, la obra *Las arrecogías* del dramaturgo granadino José Martín Recuerda, estuvo encerrada Mariana Pineda antes de pasar a la cárcel y luego al patíbulo. Hoy no queda ni un rastro del edificio.

«Rasgos árabes. Arcos, cipreses, fuentecillas y arrayanes», reza la acotación al principio de la última «estampa» de *Mariana Pineda* (II, 149). En el convento tienen lugar las entrevistas de la heroína con el siniestro Ramón Pedrosa y la apasionada escena con Fernando. Y desde su jardín llega la copla en que la desdichada reconoce su perdición:

1. *El maleficio de la mariposa*, IV, p. 199.

A la vera del agua,
sin que nadie la viera,
se murió mi esperanza.   (I, 158)

Para contemplar la casa de Mariana seguimos hasta la calle de Verónica de la Magdalena, que nos lleva al número 19 de la del Águila, donde vivía la joven viuda, como recuerda una lápida colocada en 1870 por el Ayuntamiento: «Esta casa fue la última que habitó la heroína D.ª Mariana Pineda.»

Hace veinticinco años estaba cerrada y en estado ruinoso. Hoy no. La Concejalía de Igualdad de Oportunidades del Ayuntamiento la ha convertido en Centro Europeo de las Mujeres, restaurado el exterior y remodelado el interior. El Centro tiene una magnífica Sala Histórica y de Documentación, publicó en 2005 un hermoso catálogo, *Yo Mariana*, con estudios de, entre otros especialistas, la escritora granadina Antonina Rodrigo, que tanto ha contribuido a nuestro conocimiento de la heroína, y ha puesto en circulación un DVD muy digno, *Mariana de Pineda. La lucha por la libertad* y un CD-ROM, *Mariana de Pineda. Música y Libertad*. Da gusto, cuando han sido obliterados tantos referentes lorquianos en Granada, poder celebrar la salvación de la última casa de Mariana y el nuevo uso que se le ha dado, tan en consonancia con los ideales por los cuales diera su vida aquella mujer que se negó a declarar.

Calle Recogidas más abajo está Solarillo de Gracia. En la esquina, ocupando un espacio holgado, se encontraba el Colegio de Calderón, fundado a finales del siglo XIX por el benefactor Carlos Calderón para la educación de niñas pobres. Aquí estudió en régimen de internado la madre del poeta, cuya familia padecía entonces

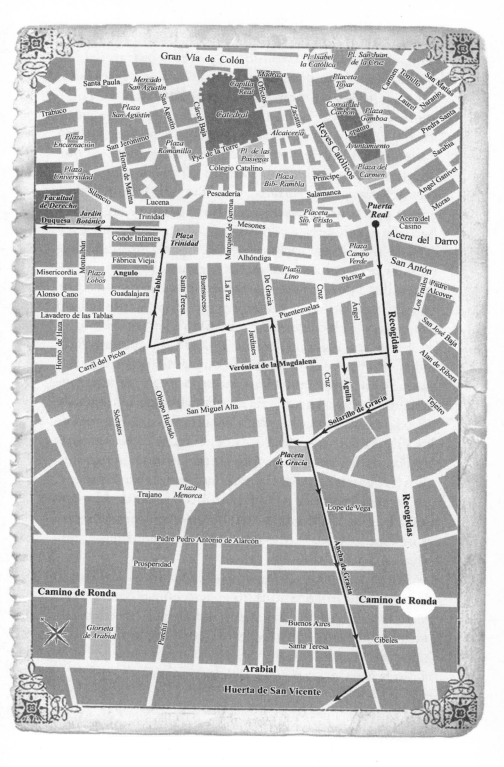

serias dificultades económicas. Los ratos desagradables pasados entre aquellas monjas, en su mayoría francesas, le produjeron una fuerte reacción contra la vida conventual. Años después su hija Concha ingresaría en el mismo colegio, no ya reservado exclusivamente a las niñas pobres. Lorca incorporó algo de la experiencia aquí de ambas en su última (e incompleta) obra de teatro, *Los sueños de mi prima Aurelia*. Vicenta Lorca, católica sincera y practicante, pero en absoluto beata, nunca se liberó de su miedo a los conventos, y es posible que esta actitud influyera en el poeta, quien, en *Impresiones y paisajes*, arremete con denuedo contra la que consideraba futilidad de la vida enclaustrada. Hoy no queda ni un ladrillo del colegio de Calderón, que, como tantos sitios «lorquianos», ha dado paso a un bloque moderno.

En la otra esquina de Solarillo de Gracia con Recogidas está la célebre y elegante «Casa de los Patos», levantada en 1890, a pocos pasos de la Vega, para el rico matrimonio Moreno Agrela (dueños de extensos cultivos de caña de azúcar en la costa y del inmueble donde vivían los García Lorca en la Acera del Casino). Los «patos» son los cisnes que adornan la fuente. Hoy, tras muchos años de abandono, se ha convertido en hotel de lujo.

La calle conduce a la Placeta de Gracia donde se levanta la iglesia de la cual toma su nombre, Nuestra Señora de Gracia. A su lado estaba antaño el Seminario Conciliar de San Cecilio.

Por aquí, en los años veinte del pasado siglo, Granada empezaba todavía a fundirse lentamente con la Vega entre huertas, acequias y hazas de regadío. Apenas hay palabras para describir la destrucción del barrio por la incontrolada especulación inmobiliaria que empezó bajo el franquismo y siguió con la democracia.

Cuando vivía el poeta la Placeta de Gracia era algo así como el centro social de los habitantes de dichas huertas. En ella recogían su correo, se sacudían el polvo y el barro del camino que conducía al campo, y me imagino que compartían unos refrescos con sus amigos.

En septiembre de 1923, mientras trabajaba en *Mariana Pineda* y meditaba sobre la Granada de un siglo antes, Lorca imaginó que «los árboles recién plantados de la Placeta de Gracia saben ya, por los pájaros y el pino del seminario, que un romance trágico y lleno de color ha de dormirlos en las noches del plenilunio turquesa de la Vega» (*EC*, p. 208).

Al poco tiempo de llegar a Nueva York, en junio de 1929, aturdido por el espectáculo de aquella «Babilonia trepidante y enloquecedora» (*EC*, p. 615), escribió a los suyos, entonces instalados en la Huerta de San Vicente (que se encuentra a unos 400 metros de la Placeta de Gracia): «Vosotros estaréis quizás en la Huerta oyendo las esquilas del seminario y los lejanos campaneos de la catedral. Yo oigo las sirenas y el murmullo de New York» (*EC*, p. 618).

Hoy, desde la Huerta, estas esquilas no se oyen, ni mucho menos, pues se ha interpuesto entre la ciudad y su Vega un vergonzoso muro de altos inmuebles.

En su charla radiofónica *Semana Santa en Granada* (1936) el poeta explicó que durante su juventud aquella era «tan interior y tan silenciosa, que yo recuerdo que el aire de la Vega entraba, asombrado, por la calle de la Gracia y llegaba sin encontrar ruido ni canto hasta la fuente de la plaza Nueva» (III, 273).

La calle aludida empieza aquí y sube, en efecto, hacia el centro de la ciudad.

Antes del advenimiento del reino del hormigón arrancaba desde la placeta, en dirección al campo, un camino denominado «Callejones de Gracia». Estos ya se fueron para no volver y se han metamorfoseado en la calle de Ancha de Gracia: un escenario, sin «anchura» y sin «gracia» algunas, de feísimos bloques de pisos divididos por estrechos cañones deprimentes.

Ancha de Gracia desemboca en el atroz Camino de Ronda. En frente hay un edificio de doce plantas que nos da la medida del crimen urbanístico cometido en estos terrenos por sucesivos ayuntamientos. La larga avenida rectilínea ha roto perspectivas únicas en el mundo y deshecho la armonía que antes existía entre la ciudad y su Vega. Es como la peor pesadilla de Ángel Ganivet hecha realidad, peor aun que la Gran Vía.

Los antiguos Callejones de Gracia siguen al otro lado del Camino de Ronda bajo el nombre de Virgen Blanca. Otro sarcasmo. Por todos lados hay edificios y calles nuevas.

Llegamos en seguida a la de Arabial. En frente está la entrada al parque Federico García Lorca, construido alrededor de la Huerta de San Vicente, vendida por la familia del poeta al Ayuntamiento en 1984 y abierta como Casa-Museo en 1995.

El parque fue objeto de polémica en el momento de su creación. Hoy, cuando los árboles y demás vegetación han crecido, lo es menos. A la mayoría de los granadinos les parece gustar, pero algunos consideramos que no se respetaron de manera debida las inmediaciones de la Huerta, destruyéndose señas de identidad insustituibles, entre ellas la cortijada que se encontraba justo detrás, arrasada pese a su vinculación con la familia. «Parque insensato» lo llamó el novelista Antonio Muñoz Molina en 1996. Y no ayuda nada que la circunvalación de Granada (que forma parte de la autopista de

1. El Lorca joven, retratado por el
fotógrafo granadino Rogelio Robles.

2. Delante del pilar de Carlos V con su hermano Francisco
(a la izquierda) y dos amigos granadinos, Antonio Luna
y Antonio Álvarez Cienfuegos, 1927 o 1928.

3. Con el pintor Manuel Ángeles Ortiz en
   la plaza de los Aljibes, quizás 1922.

4. Al lado de la alberca del Partal
con sus hermanas Concha e Isabel
y Zenobia Camprubí, la esposa
de Juan Ramón Jiménez, 1924.

5. Delante de la entrada principal del palacio
de Carlos V, años treinta.

6. La imagen de san Miguel que inspiró
el romance.

7. Con Constantino Ruiz Carnero, director de *El Defensor de Granada*, en la Huerta de San Vicente, 1931.

8. Con su madre en la Huerta de San Vicente, 1935
(foto de Eduardo Blanco-Amor).

la costa) se haya construido —en contra de protestas nacionales e internacionales— en su linde oeste, casi encima. Se dice que por presiones de Hipercor, situado no lejos. El ruido que produce el monstruo es atronador.

Las obras dieron lugar al masivo deterioro de la zona. Con todo, hay que considerar milagrosa la salvación de la Huerta y la creación del parque. Se trata de un espacio amenazado durante décadas por los planes del Ayuntamiento y la codicia de los especuladores.

La Huerta de San Vicente, que entonces se llamaba Huerta de los Mudos (y antes de los Marmolillos), fue comprada por Federico García Rodríguez en mayo de 1925. La rebautizó Huerta de San Vicente en homenaje a su esposa, Vicenta, y se colocó en una graciosa hornacina a la derecha de la puerta, donde sigue, una pequeña efigie en escayola del santo (Vicente Ferrer).

Alrededor de la finca se extendían los fértiles campos de la Vega, y por delante, sin que nada estorbara la vista, se apreciaba la ciudad, coronada por la Torre de la Vela de la Alhambra y, más arriba, el Generalife.

Constaba de 36 marjales —equivalentes a casi dos hectáreas— de tierra calma de riego con árboles frutales. En cuanto a la modesta casa de labor, tenía una extensión superficial de unos 2.400 pies. A un lado había otra construcción de más reciente edificación, especie de colgadizo para guardar herramientas, hortalizas, piensos y otros enseres. La tiró García Rodríguez para construir una vivienda destinada a la familia Perea, amigos suyos del pueblo de Asquerosa, que aceptaron su oferta para ser caseros de la finca.

Al comprar la Huerta de los Mudos, la idea del padre no era abandonar la vivienda de la Acera del Casino. Sería una casa para la primavera y los meses de la canícula, y es de suponer que, al hacerse con ella, pensaba que a su edad ya se iba complicando demasiado el traslado veraniego anual al pueblo. Hombre de campo de toda la vida, cabe deducir que le apetecía tener en el mismo umbral de Granada una finca veguera donde pudiera seguir con sus frutales y sus granos. La Huerta de los Mudos ofrecía todas estas ventajas.

La única modificación efectuada en la antigua casa de labor por su nuevo propietario fue, algunos años después, la agregación a la planta baja del edificio, y, en el lugar ocupado antes por un corral, de un cuerpo añejo que sirviera de amplio comedor. Encima de este, y accesible desde la planta superior, se construyó una sencilla terraza, donde numerosas veces se dejaría fotografiar el poeta.

A partir de 1925 el verano granadino sería sinónimo, para Lorca, de la Huerta de San Vicente. Aquí, rodeado de su familia, de sus padres, hermanos, primos, tíos y sobrinos, trabajaría siempre a gusto. Y, ausente de Granada, recordar la paz, la sombra y la frondosidad del lugar le llenaría de añoranza y del deseo de volver a su patria chica.

«Ahora estoy en la Huerta de San Vicente situada en la Vega de Granada —le contó al poeta Jorge Guillén en septiembre de 1926—. Hay tantos jazmines en el jardín y tantas "damas de noche" que por la madrugada nos da a todos en casa un dolor lírico de cabeza, tan maravilloso como el que sufre el agua detenida. Y, sin embargo, ¡nada es *excesivo*! Este es el prodigio de Andalucía» (*EC,* p. 367).

«Estoy en la Huerta de San Vicente —escribió el verano de 1928, justo después de la publicación del *Romancero gitano*, a Melchor Fernández Almagro—, una preciosidad de árboles y agua clara, con Granada enfrente de mi balcón, tendida a lo lejos con una hermosura jamás igualada» (*EC*, p. 571). También era insuperable la vista de la imponente mole de Sierra Nevada, coronada por el Picacho de la Veleta. «Hoy hace un día gris en Granada de *primera calidad* —escribió en septiembre de 1928 al colombiano Jorge Zalamea—. Desde la Huerta de San Vicente (mi madre se llama Vicenta), donde vivo, entre magníficas higueras y nogales corpulentos, veo el panorama de sierras más bello (por el aire) de Europa» (*EC*, p. 587).

Y aquí un pequeño inciso. Cerca de la Huerta de San Vicente, a unos quince minutos andando, se encontraba (y se encuentra) la del Tamarit. Pertenecía a un hermano de Federico García Rodríguez, Francisco, padre de Clotilde García Picossi, una de las tres o cuatro primas predilectas del poeta. Lorca consideraba que tenía las señas más bonitas del mundo —Huerta del Tamarit, Término de Fargüi, Granada—, y le solía decir a Clotilde —según me contó ella— que, a su juicio, era «un paquete de postales» y aún más bella que la de San Vicente. En árabe el nombre significa «Jardín de los Dátiles» y lo tuvo en cuenta al titular *Diván del Tamarit* su homenaje a los poetas de la Granada musulmana. En una sus composiciones, «Casida de los ramos», algunos han querido ver una premonición de su muerte:

Por las arboledas del Tamarit
han venido los perros de plomo
a esperar que se caigan los ramos,
a esperar que se quiebren ellos solos...   (I, 601-602)

Hoy, para acceder a la Huerta del Tamarit, hay que seguir por Virgen Blanca, pasar debajo de la autopista —hay una glorieta— y enfilar el callejón de los Nogales, que está señalado. De repente, si es verano, nos encontramos entre espléndidos campos de maíz. Una acequia acompaña el camino. Primero llegamos a la Huerta del Chaparro, indicado por un rótulo. La siguiente es la del Tamarit, con su caminito de acceso entre árboles. Aquí, en 1966, me contó Clotilde García Picossi muchas anécdotas de su adorado Federico. Una tarde nos acompañaban la escritora francesa Marcelle Auclair, que entonces remataba su biografía del poeta, y el pintor Manuel Ángeles Ortiz. Momentos inolvidables.

Pero volvamos a la Huerta de San Vicente.

Delante de ella se yerguen dos cipreses plantados por Lorca y su hermano.

La habitación del poeta, cuyo balcón en la primera planta se abre sobre el jardín, está exactamente como antes, con el cartel de La Barraca, diseñado por Benjamín Palencia, y la mesa donde trabajaba. Encima de la cama hay un cuadro de la Virgen Dolorosa de las Siete Espadas, y, en otra pared, uno de Rafael Alberti regalado cuando los dos se conocieron en la Residencia de Estudiantes de Madrid. Lleva la dedicatoria: «A Federico García Lorca, esta estampa del Sur en la inauguración de nuestra amistad.»

«Hace un día espléndido —le escribió el poeta a Carlos Morla Lynch a finales de agosto de 1931—. A mi cuarto llega un fresco rumor de maizales y de agua» (*EC*, p. 718).

Los que diseñaron el parque se olvidaron de los maizales. Es una pena porque, además de recuperar un aspecto auténtico del lugar, serviría para recordar que, al llegar la guerra, varias personas salvaron la vida ocultándose en el que había al lado de la casa (los maizales superan la estatura de un hombre alto y tienen una espesura extraordinaria). No sería difícil plantar uno cada año, siquiera de reducidas proporciones, en el mismo sitio.

Aquí escribió Lorca parte del *Romancero gitano*, de *El público* (empezado en La Habana y terminado a su vuelta en agosto de 1930), de *Así que pasen cinco años* (el manuscrito está fechado «Granada, 19 de agosto de 1931, Huerta de San Vicente»), de *Bodas de sangre* —que acabó en el verano de 1932 con la ayuda de discos de una cantata de Bach y de cante jondo de Tomás Pavón (se conserva el mismo gramófono)—, de *Yerma* y de *Doña Rosita la soltera*. No por nada le dijo al joven granadino Eduardo Rodríguez Valdivielso que «es ahí, en mi Huerta de San Vicente, donde escribo mi teatro más tranquilo» (*EC*, p. 759).

En los veranos de 1934 y 1935 le visitó el escritor gallego Eduardo Blanco-Amor, que sacó varias fotografías de la casa y del poeta, entre ellas una en la que le acompaña su madre con su triste semblante habitual (ilustración 8). En 1935 Lorca le leyó, tal vez en la terraza delante de la casa, *Doña Rosita la soltera*, recién terminada.

Cuando se publicó el *Romancero gitano*, en agosto de 1928, pasaba por una época de crisis y al volver a Granada se sentía muy deprimido. Por aquellos días escribió a su amigo colombiano Jorge Zalamea: «Tú no te puedes imaginar lo que es pasarse noches enteras en el balcón viendo una Granada nocturna, *vacía*, para mí y sin tener el menor consuelo de nada» (*EC*, p. 582). A este mismo balcón de su habitación se refería probablemente en el pequeño poema «Despedida», de *Canciones*:

> *Si muero,*
> *dejad el balcón abierto.*
>
> *El niño come naranjas.*
> *(Desde mi balcón lo veo.)*

El segador siega el trigo.
(Desde mi balcón lo siento.)

¡Si muero,
dejad el balcón abierto!   (I, 397)

Para Federico la Huerta de San Vicente resultaría ser antesala de la muerte. Hacia la una de la tarde del 13 de julio de 1936 se confirmó la noticia del asesinato en Madrid, la madrugada anterior, del diputado de la extrema derecha, José Calvo Sotelo, en represalia por la de un teniente de la Guardia de Asalto, José Castilla, conocido por su antifascismo. El ambiente de la capital estaba preñado de violencia, de negros presagios, de miedo, y el poeta, parece que bajo la impresión del crimen, decidió de repente adelantar su viaje a Granada y coger aquella misma noche el tren (sus padres, que vivían en Madrid desde 1933, habían regresado apenas una semana antes a la Huerta de San Vicente).

Cuando llega la mañana del 14 se encuentra con que se acaba de instalar un teléfono en la casa. Al poco rato le llama su amigo Constantino Ruiz Carnero, director del periódico republicano *El Defensor de Granada*, para darle la bienvenida. El 15, en primera plana, el diario anuncia su regreso a la ciudad, puntualizando que se propone pasar «una breve temporada» con sus familiares. El detalle confirma lo que sabemos de otras fuentes: que seguía con el proyecto de embarcar pronto en Cádiz para Nueva York, viajar desde la metrópoli en tren a México para juntarse con Margarita Xirgu, que en aquellos momentos ponía allí con mucho éxito sus obras, y aprovechar su estancia para dar una conferencia sobre Quevedo. Todo un fabuloso programa estival. De hecho la prensa mexicana ya anunciaba con entusiasmo su llegada inminente.

Aprovecho para aventurar que Lorca se habría encontrado en México como Pedro por su casa, sobre todo por el culto a la muerte allí tan predominante y que intuía muy afín al español. En su conferencia sobre el duende, quizá su más personal (¡y enduendada!), habló del «triunfo popular de la muerte española» y añadió: «En el mundo, solamente México puede cogerse de la mano con mi país» (III, 158).

Cada 18 de julio los García Lorca solían celebrar en la Huerta de San Vicente, con gran jolgorio, la festividad de san Federico, onomástica del padre y del hijo mayor. Esta vez acudieron menos familiares y amigos que de ordinario, pues todo el mundo estaba asustadísimo ante las confusas noticias que circulaban respecto a una sublevación militar en Marruecos y Canarias.

En 1925 Lorca le había escrito desde Granada a Melchor Fernández Almagro: «Hoy es el día de mi santo. "San Federico y compañeros mártires, hijos de Santa Filomena"» (*EC*, p. 288). Ahora empezaba el martirio suyo. ¿Cómo no lo iba a intuir, él que siempre vivió «rodeado de muerte» (III, 514)?

Lo ocurrido en Granada entre el 18 de julio, cuando Sevilla cae en manos del general traidor Gonzalo Queipo de Llano, y el 20, fecha en que se subleva la guarnición granadina, se puede resumir con brevedad.

El general Campins, comandante militar de la plaza desde solo el 11 de julio de 1936, es republicano sincero. Tiene absoluta confianza en la lealtad de los oficiales de la guarnición, y cuando se entere de lo que está ocurriendo será demasiado tarde. En cuanto al gobernador civil, el gallego César Torres Martínez, asimismo recién llegado a la ciudad, confía en Campins, aunque sabe que se está conspirando en los cuarteles. Durante los días 18 y 19 se pierde un tiempo valioso al no lograr los granadinos republicanos y de izquierdas ponerse de acuerdo sobre las medidas a adoptar. Reina una confusión casi absoluta, a la cual contribuyen no poco las arengas radiofónicas desde Sevilla de Queipo de Llano, mezcla de verdades y de mentiras adobadas de feroz vesania.

En la tarde del 20 de julio los oficiales facciosos detienen al desafortunado Campins, y la guarnición, apoyada por la Guardia Civil, la Guardia de Asalto y un centenar de falangistas, abandona los cuarteles, apoderándose sin dificultad de todo el centro de la ciudad. Solo hay algo de resistencia en el escarpado barrio del Albaicín, donde los «rojos», prácticamente sin armas, levantan barricadas. Todo termina el 23 de julio cuando se rinden.

La represión empieza en seguida y los sublevados instauran en la ciudad un implacable régimen de terror. Agudiza la situación el hecho de encontrarse Granada cercada de territorio todavía controlado por el Gobierno. Al menos en teoría puede ser retomada en cualquier momento.

España está ya en guerra civil.

En la Huerta de San Vicente se enteran, aquel mismo 20 de julio de 1936, de que entre los detenidos está el marido de Concha García Lorca, el doctor Manuel Fernández-Montesinos Lustau, alcalde socialista de Granada. Ha empezado el calvario de la familia.

Eduardo Rodríguez Valdivieso, amigo de Federico que ha estado en la Huerta el 18 de julio, logra volver a la finca varias veces después de iniciada la contienda. Una tarde el poeta baja demudado de su habitación, donde ha estado durmiendo la siesta, y cuenta que acaba de tener una pesadilla sumamente inquietante. Ha soñado que, tumbado en el suelo, estaba rodeado de un grupo de enlutadas mujeres —vestidos negros, velos negros— que enarbolaban sendos crucifijos, también negros, con los cuales le amenazaban.

Llega pronto a la Huerta el peligro ya intuido. El 6 de agosto de 1936 se presenta una escuadra de Falange al mando del temido capitán Manuel Rojas Feigespán —el responsable de la masacre de anarquistas en Casas Viejas en 1934—, que lleva a cabo un registro. ¿En busca de qué? Se rumorea que Lorca tiene en la Huerta una emisora, nada menos, con la cual está en contacto con... ¡los rusos! Tal vez se trata de buscar el improbable aparato. Rojas, de todas maneras, no da con nada vituperable y no hay cargos contra el poeta.

Al día siguiente, 7 de agosto, se persona en la Huerta, huyendo, el arquitecto Alfredo Rodríguez Orgaz, amigo de Federico. Encuentra al poeta optimista, animado por un discurso radiofónico desde Madrid del líder socialista Indalecio Prieto, que ha asegurado que pronto todo volverá a la «normalidad». Mientras hablan, alguien da la alerta de que se están aproximando desde los Callejones de Gracia unos coches. El arquitecto tiene justo el tiempo de desaparecer detrás de la Huerta, donde se esconde debajo de unas matas. El grupo lo busca, en efecto, pero, al no encontrar indicios de que ha pasado por la finca, se van. Rodríguez Orgaz no vuelve a la casa y aquella noche se dirige a campo través hacia Santa Fe, todavía en manos republicanas, y se salva.

Dos días después, el 9 de agosto, se presenta otro comando diferente en la Huerta. Objeto esta vez: los hermanos del casero de la finca, Gabriel Pérez Ruiz, a quienes se culpa del asesinato de dos personas en Asquerosa. Los matones, que proceden, en su mayoría, de aquel pueblo y del cercano Pinos Puente, están decididos a localizar a los hermanos como sea. Entre ellos hay un primo de Federico en Asquerosa, Horacio Roldán, compañero político de Ramón Ruiz Alonso, ex diputado derechista por Granada y responsable unos días después de la detención del poeta. Registran la casa de Gabriel, pegándoles a él y a su madre con la culata de sus fusiles. Luego se dirigen a la Huerta y fuerzan a todos a salir a la terraza. En este momento, cuando Lorca protesta, lo arrojan al suelo y lo golpean e insultan. No cabe duda de que saben quién es, ni de que lo desprecian.

Angelina Cordobilla González, criada de los hijos de Concha García Lorca, preocupada por los niños (Vicenta, Manuel y Conchita), se las arregla durante el desorden de estos momentos para escaparse con ellos por detrás de la finca y buscar refugio en la inmediata casería (hoy por desgracia, como hemos dicho, desaparecida), propiedad de Francisco Santugini López, cuya hija, Encarna, es muy amiga de la familia.

La escena acaba cuando el comando se lleva a Gabriel Perea Ruiz al Gobierno Civil, donde es brutalmente interrogado y luego soltado.

Ante lo ocurrido, Lorca se da cuenta del peligro que se cierne sobre él. Tiene que escaparse de la Huerta sin perder un minuto. Pero ¿adónde ir?, ¿a qué persona de derechas, influyente, pedir socorro? Entonces se acuerda de su amigo el joven poeta granadino Luis Rosales, a quien ve con frecuencia en Madrid, dos de cuyos hermanos, José y Antonio, son influyentes falangistas. Logra conectar con Rosales por teléfono y este, preocupado por lo que acaba de oír, acude con su hermano menor Gerardo.

Décadas después Luis Rosales describiría en numerosas entrevistas el consejo de familia que se celebró aquella tarde en la Huerta. Las posibilidades que se discutieron fueron esencialmente tres: pasar a Federico a la zona republicana, cosa fácil para Rosales, que gozaba de cierto prestigio entre los falangistas; instalarle en el carmen de Manuel de Falla, inexpugnable, cabía pensarlo, dado el fervoroso y bien conocido catolicismo del compositor, además de su fama internacional; o llevarle a casa de la misma familia Rosales. El poeta eligió la tercera opción. En aquellas circunstancias, en realidad, parecía ofrecer inmejorables garantías. Pues, ¿dónde podía estar más seguro que con unos dirigentes locales del «Glorioso Movimiento Nacional»? Estando allí, ¿quién se atrevería a tocarle?

La misma noche del 9 de agosto abandonó la Huerta, siendo trasladado en taxi por Francisco Murillo Gómez, chófer de García Rodríguez, a la casa de los Rosales en el centro de Granada.

Jamás volvería a este rincón que tanto amaba.

No sabemos exactamente qué ruta siguió el coche, pero es verosímil que subiera primero a la Placeta de Gracia y luego por una de las dos calles que salen de aquí en dirección al centro de la ciudad: Moral de la Magdalena y Gracia. Escojamos cualquiera de ellas y, llegando a Puentezuelas, torzamos a nuestra izquierda. Al final de la calle, a mano izquierda, pasamos delante de la que en su día fue Facultad de Letras de la Universidad y que hoy es la de Traducción e Interpretación. A la derecha está la calle de las Tablas. Subimos por ella. La tercera calle a la izquierda es Angulo, en cuya esquina el Hotel Reina Cristina incorpora hoy la que fue casa de la familia Rosales, situada en el número 1.

Los propietarios del hotel han hecho un esfuerzo loable por conservar aquellos elementos del edificio que remontan a la época en que la familia Rosales vivía aquí. Pero son, por desgracia, pocos, ya que numerosos destrozos y cambios habían sido llevados a cabo antes de que se hiciesen con el inmueble y el colindante. El actual comedor ocupa el sitio del patio, y conserva la puerta original que daba a la calle. Las columnas del patio han desaparecido, y también la hermosa escalera que conducía desde él al primer piso de la amplia casa que Luis Rosales evocaría con nostalgia en su libro *El contenido del corazón*. En cuanto a la habitación de la tía Luisa Camacho, donde se instaló a Lorca, estaba en el segundo piso y también ha desaparecido.

A un lado del patio, es decir del hoy comedor, tenía Luis su biblioteca, donde sabemos que Federico encontró un ejemplar de los poemas de Gonzalo de Berceo, recitando algunos de ellos a Gerardo y a la tía Luisa.

Cada vez que aparecía un avión republicano sobre Granada, las mujeres se escondían en un sótano que el poeta bautizó «el Bombario».

Y no creamos que no estuviera al tanto de los fusilamientos que tenían lugar cada madrugada en el cementerio. El periódico *Ideal*, que por Esperanza Rosales, hermana de Luis, sabemos que leía cada mañana, hablaba abiertamente de ellas. También sabemos que fue informado el 16 de agosto de 1936 de la ejecución de su cuñado, el médico José Fernández-Montesinos, alcalde socialista de la ciudad.

Aquella misma tarde llegó a la puerta de los Rosales Ramón Ruiz Alonso, el ex diputado derechista, con una orden del Gobierno Civil, verbal o escrita, para la detención del poeta. Estaba acompañado de algunos compinches políticos, entre ellos el terrateniente del pueblo de Santa Fe Juan Luis Trescastro. No había ningún hombre en la casa y la madre se negó a entregar a Federico. Ruiz Alonso fue entonces a buscar a Miguel Rosales, otro hermano de Luis, al cuartel general de la Falange, y volvió con él poco después.

Rosales se quedó asombrado al constatar que la zona estaba llena de hombres armados, incluso apostados en los tejados vecinos. Numerosos testigos han coincidido en ello. Comprendió en seguida que, ante una operación de tal envergadura, no tenía más remedio que ir con Federico y Ruiz Alonso al Gobierno Civil. Allí, consideraba, se podría arreglar todo.

Enfrente de la casa de los Rosales vivía la familia del dueño de un bar situado en la colindante plaza de la Trinidad. Uno de los hijos, que tenía doce años, vio al poeta salir a la calle. Según él, llevaba un pantalón gris oscuro, una camisa blanca con el cuello desabrochado, una corbata de lazo o sin anudar y, al brazo, una americana.

Parece ser que el coche utilizado por el ex diputado estaba esperando en la plaza.

No sabemos qué calle enfilaron para cubrir el cortísimo trayecto al Gobierno Civil, pero es casi seguro que la de Duquesa, la cuarta a la izquierda después de Angulo. En el coche, me dijo Miguel Rosales, el poeta no cesó de pedirle, aterrado, que interviniera a su favor con las autoridades y buscara en seguida a José (*Pepiniqui*), el falangista más destacado de los hermanos.

El primer tramo de la calle Duquesa conduce al Jardín Botánico. Unos pasos más adelante, en la acera izquierda, se encontraba la Jefatura de Policía, a la hora de escribir estos renglones en venta: edificio de infausta memoria para muchas familias granadinas.

Un poco más allá, a la derecha, está la puerta trasera de la Facultad de Derecho de la Universidad (Duquesa, 18), sede provisional, entre 1933 y 1944, del Gobierno Civil.

Lorca conocía perfectamente el edificio, que, en sus tiempos de estudiante, albergaba la biblioteca universitaria. Allí, recordó en 1931, había pasado horas enteras examinando uno de los tesoros de la misma —un códice del siglo XIII con la *Historia natural* de Alberto Magno— sin poder apartar los ojos de «aquellas pinturas de animales, ejecutadas con pinceles más finos que el aire, donde los colores azules y rosas y verdes y amarillos se combinan sobre fondos hechos con panes de oro» (III, 207).

Mora Guarnido recuerda que Federico se hizo muy amigo del viejo encargado de la biblioteca:

Transitar por aquella gran biblioteca intensa y abundantemente nutrida, si no de contemporáneos, de clásicos, y de la mano de un guía tan inteligente como entusiasta, significó una gran ventaja para el joven poeta. Se quedaban por las tardes hasta después de la hora de cerrar; por los grandes ventanales que daban al Jardín Botánico entraba la rosada luz del crepúsculo, el aroma de arrayanes, mirtos, magnolios y jazmineros, y el canto de los innumerables ruiseñores que tenían en aquella espesura sus nidos. Pues el Jardín Botánico, pese a su nombre y como ocurre con casi todos los jardines así rotulados, era más recreo para el espíritu que muestrario de especies para el estudioso. En la paz y tranquilidad de aquel refugio y aquella hora, ¡qué conversaciones tendrían el viejo cargado de la experiencia de cuarenta años de profesión —«cuarenta años, hijo, encadenado como

Prometeo en este antro del saber»— y el adolescente
ilusionado! (p. 145)

A eso de las cinco de la tarde del 20 de julio de 1936
llegó hasta la puerta del Gobierno Civil una sección de
soldados de Artillería apoyada por el comandante Valdés Guzmán y sus falangistas. Los guardias de Asalto,
cuya obligación era defender el edificio hasta la muerte,
se rindieron en seguida, y unos momentos después el gobernador civil, César Torres Martínez, fue detenido en
sus dependencias del primer piso con otros varios políticos republicanos.

Todo había terminado sin que se hubiera producido
un solo disparo.

Entretanto habían caído en manos de los facciosos,
con igual facilidad, los demás centros oficiales de la ciudad, así como el aeropuerto militar de Armilla y la fábrica de pólvora de El Fargue.

El comandante Valdés se instaló en seguida en el des-
pacho de Torres Martínez y empezó a organizar la represión de Granada, que llevaría a la muerte a miles de
inocentes.

En mis conversaciones con Ramón Ruiz Alonso en
1966 me dijo que, al llegar al Gobierno Civil, alguien trató de dar con la culata de un mosquetón «al señor García
Lorca». Es posible. Dentro, todo era un caos de guardias, falangistas, familiares de los detenidos y militares.
No cuesta trabajo imaginar el pánico del poeta, máxime
cuando le informaron de que Valdés estaba fuera y no
volvería hasta la noche. Mientras, diciendo que a la espera de su regreso, le encerraron en una dependencia del
primer piso hoy imposible de identificar.

A pesar de los cambios efectuados en el edificio desde entonces no es difícil evocar las escenas que aquí se desarrollaron durante toda la guerra, con su cuota de bestialidades y torturas. Lorca pasó por lo menos una noche en el Gobierno Civil, donde le vio a la mañana siguiente en su celda improvisada la criada de los Fernández-Montesinos, Angelina Cordobilla.

Un día, tal vez el 19 de agosto de 1936, le dijeron a Manuel de Falla que su amigo García Lorca estaba detenido y en peligro de ser fusilado. Consternado, bajó desde su carmen hasta la calle Duquesa. No sabemos si llegó a hablar con Valdés. Se le dijo que era demasiado tarde para intervenir a favor del poeta, y parece ser que incluso le amenazaron.

La noche que sacaron a Lorca del edificio —casi seguramente la del 17 al 18 de agosto— un joven amigo suyo, Ricardo Rodríguez Jiménez, que vivía al lado mismo en la calle Horno de Haza, jugaba a las cartas en la comisaría de Policía con unos guardias. Aficionado a la música, tenía la mano derecha atrofiada. Lorca le había regalado un violín pequeño para que pudiera aprender a tocarlo, gesto que jamás olvidó. Aquella noche al salir de la comisaría alguien le llamó por su nombre. Se volvió y vio al poeta rodeado de guardias y de esbirros de la infame pandilla del Gobierno Civil. «¿Pero adónde vas?», le preguntó. «No sé», contestaría. Se dio cuenta en seguida de lo que se trataba. Bastante conocía los procedimientos de la llamada Escuadra Negra, a la que Valdés había dado carta blanca para matar. «A mí me pusieron el fusil en el pecho —me contó—. Y yo les grité: "¡Criminales! ¡Vais a matar a un genio! ¡A un genio! ¡Criminales!" Me detuvieron en el acto y me metieron en el Gobierno Civil. Yo estuve allí encerrado dos horas y luego me soltaron.»

Con el poeta iba esposado un hombre mayor, Dióscoro Galindo González, maestro cojo del pueblo de Pulianas.

Nunca se ha esclarecido de manera convincente la identidad de los matones del comandante Valdés que salieron con ellos del edificio y los llevaron en coche a su lugar de ejecución, aunque mucha gente lo sabía. Ha sido otra traición al poeta.

Paseo Seis

La ciudad de los cármenes

Granada es una ciudad alta. La Vega, como promedio, se sitúa a unos 650 metros sobre el nivel del mar, las colinas de la Alhambra y del Albaicín se elevan a unos 800. Y al fondo, siempre, se aprecia Sierra Nevada, desde cuyas cumbres se pueden vislumbrar, en días claros, las costas africanas. El escritor granadino José Fernández Castro ha hablado de la «ilusión ascendente» que produce la contemplación del paisaje granadino. Me parece obligada la cita:

> Desde las planicies de la Vega hasta los altos picos de la Sierra se ofrece un laberinto de simas, cumbres y gargantas en inexplicable contraste de valles profundos, cerros verticalmente cortados, colinas suaves y ríos que se buscan con cierto empeño trágico. Todo ello se enlaza en maravillosa confusión, de la que surge la fuerza expresiva de sus contornos, que tienen la nota característica de que siempre, desde cualquier lugar, se divisa algún punto más alto. Desde la Vega nos atrae la Alhambra. Si estamos en esta creemos más alto San Miguel; desde aquí, el Ce-

rro del Sol, que corona al Generalife; desde este el Llano de la Perdiz, y si lo escalamos veremos una serie de montañas hasta llegar al Veleta. Luego el Muley Hacén. Y desde este parece más alto el Veleta, de modo que la ilusión ascendente, ese continuo crescendo hacia las alturas, es una de las impresiones que más huellas dejan.   (pp. 114-115)

Será provechoso tener en cuenta esta sutil reflexión al irnos subiendo por el Albaicín.

Empezamos en la plaza de Isabel la Católica, donde arranca la Gran Vía, la larga avenida que tanto disgustaba a Lorca y a sus amigos. Desde ella conduce hacia arriba, en dirección a Plaza Nueva, el último tramo de la calle de Reyes Católicos.

La segunda calle a la derecha, la de la Colcha, tiene su lugar en los anales lorquianos. En su charla de radio *Semana Santa en Granada* (1936) elogió y añoró la de sus primeros años en la ciudad, hecha para la melancolía y la meditación. Y surgió una anécdota:

En una casa de la calle de la Colcha, que es la calle donde venden los ataúdes y las coronas de la gente pobre, se reunían los *soldaos* romanos para ensayar. Los *soldaos* no eran cofradía, como los jacarandosos *armaos* de la maravillosa Macarena. Eran gente alquilada: mozos de cuerda, betuneros, enfermos recién salidos del hospital que van a ganarse un duro. Llevaban unas barbas rojas de Schopenhauer, de gatos inflamados, de catedráticos feroches. El capitán era el técnico de marcialidad y les enseñaba a marcar el ritmo que era así: «porón... ¡chas!», y daban un golpe en el suelo con las lanzas, de un efecto cómico delicioso.

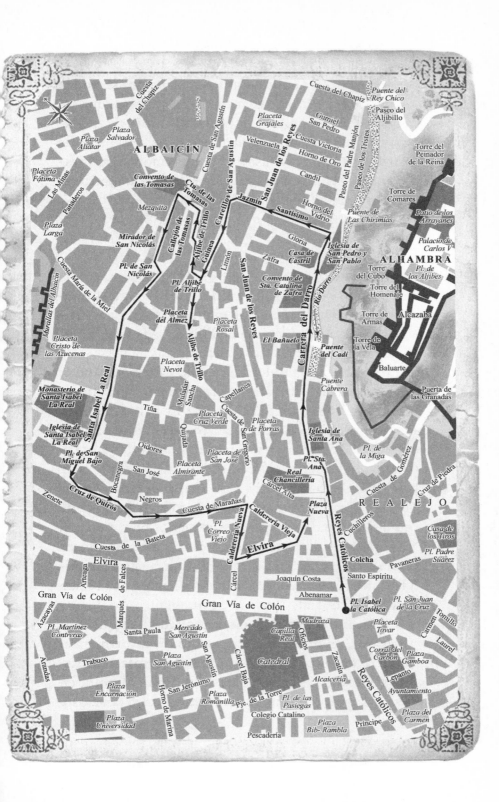

Como muestra del ingenio popular granadino, les diré que un año no daban los *soldaos* romanos pie con bola en el ensayo, y estuvieron más de quince días golpeando furiosamente con las lanzas sin ponerse de acuerdo. Entonces el capitán, desesperado, gritó: «Basta, basta; no golpeen más, que si siguen así, vamos a tener que llevar las lanzas en palmatorias», dicho granadinísimo que han comentado ya varias generaciones.   (III, 272)

En unos momentos llegamos a Plaza Nueva, con su famosa vista de la Torre de la Vela (cuya enorme campana se ve claramente). Aquí, en el segundo piso de la casa que hace esquina con la calle de Elvira, vivía Emilia Llanos, la gran amiga de Lorca que tanto impactara en el Concurso de Cante Jondo. La visitó el 16 o 17 de agosto de 1936 la madre del poeta para rogarle que convenciera a Manuel de Falla, con quien Emilia tenía mucha amistad, a que intercediera por Federico. Empezó a dirigirse al carmen del maestro, pero, nada más enfilar la cuesta de Gomérez, unas personas le dijeron que no valía la pena seguir, pues el poeta había sido fusilado. Se lo creyó. Después supo que era mentira y que todavía había tiempo para salvarle. Nunca olvidaría aquella traición.

No dejemos de contemplar la Real Chancillería, del siglo XVI. De la antigua cárcel, situada a sus espaldas, huyó Pedro Álvarez de Sotomayor, el amante de Mariana Pineda, disfrazado de fraile capuchino.

Al fondo de la plaza se yergue la iglesia de Santa Ana, también del siglo XVI, con portada de Diego de Siloé, el arquitecto de la catedral. Aquí fue bautizada la futura heroína, en 1804; aquí, en 1819, se casó con Manuel Peralta y Valle; y de aquí está procediendo, en *Mariana Pi-*

neda, cuando topa en el Zacatín con su perseguidor, Pedrosa, el malvado alcalde del crimen.

La torre mudéjar de Santa Ana es una de las más bellas de la ciudad. «La inverosímil torrecilla de Santa Ana —dijo el poeta—; torre diminuta, más para palomas que para campanas, hecha con todo el garbo y la gracia antigua de Granada» (III, 80).

Al lado mismo de la iglesia el Darro penetra en su lóbrega cueva para cruzar escondido la ciudad. «El río de oro gime al perderse por el túnel absurdo», escribió Lorca en su temprana *Fantasía simbólica* (IV, 39).

Por la estrechísima Carrera del Darro, no solo la calle más pintoresca de Granada sino quizá la menos cambiada por el tiempo, iniciamos nuestra subida al Albaicín.

Pero primero un breve comentario sobre su nombre, que algunos, entre ellos Lorca, prefieren escribir Albayzín. Parece ser que procede de *Baeza*, por el hecho de haberse establecido aquí los moros que huían de aquella ciudad en el siglo XIII ante la embestida de los cristianos (así como ocurrió con el barrio de Manuel de Falla, Antequeruela, que recibió su nombre de Antequera). Otros han dicho que el topónimo significa «barrio de los halconeros», pero no es probable.

En el Albaicín se produjo, en la noche de Navidad de 1568, una sublevación contra los cristianos por parte de los moriscos, cuando Felipe II prohibió a estos el uso del árabe y de sus trajes y costumbres tradicionales. Como era inevitable, dada la relación de fuerzas, fueron derrotados.

Casi cuatro siglos después el barrio fue escenario de otros hechos violentos al iniciarse la Guerra Civil. Los republicanos, sin apenas armas, resistieron como pudieron pero fueron reducidos en tres días por los soldados y

falangistas y la artillería insurgente, que abrió fuego sobre ellos desde el cubo de la Alhambra y la carretera de
Guadix, detrás del barrio. También intervinieron avio-
nes de la base militar de Armilla, en las afueras de la ciudad. La represión consiguiente fue brutal.

La Carrera del Darro fue uno de los temas preferidos
de los artistas llegados a Granada a lo largo del siglo XIX,
que solían exagerar, como buenos románticos que eran,
las proporciones de la Colina Roja vista desde aquí. De
hecho, a veces aparece en las obras de la época como auténtico acantilado (véanse los grabados de David Roberts, Gustave Doré, etc.). También fascinaba a dichos
artistas los restos de la llamada Puerta de los Tableros (o
Puente del Cadí), que vemos al otro lado del río, y que
antaño facilitaba el tráfico entre la Alhambra (Puerta de
las Armas) y el Albaicín.[1]

Lorca amaba esta calle con pasión. En una carta a
Emilia Llanos, escrita en el otoño de 1920 desde Madrid,
exclamó: «¡Qué hermosa y qué triste estará la Carrera
del Darro y qué nubes habrá por Valparaíso!, ¿verdad?
Yo recuerdo a Granada como se deben recordar a las no-
vias muertas y como se recuerda un día de sol cuando
niño. ¿Se han caído del todo las hojas?...» (*EC*, p. 92).

No hay que perderse El Bañuelo, situado enfrente de
la Puerta de los Tableros al número 31. Es un baño árabe
público del siglo XI, el único completo que queda de los
trescientos más o menos que había en la Granada musulmana (luego cerrados por los cristianos y la mayoría
destruidos). Es un lugar íntimo, fascinante, que hay que

---

1. La edición de los *Cuentos de la Alhambra* de Washington
Irving incluida en nuestra bibliografía incluye una excelente selección de reproducciones de estos grabados.

imaginarse iluminado por los rayos de sol que, al pasar a través de las vidrieras multicoloradas del techo, producían efectos caleidoscópicos en suelos y paredes.

Un poco más arriba está el convento de clausura de Santa Catalina de Zafra, del siglo XVI, cuyas monjas tienen fama como especialistas en la confección de dulces. A ellas se refiere Lorca en su conferencia *Canciones de cuna españolas*, al esbozar una recomendación muy original. Todos los viajeros están despistados —nos asegura— y para conocer la Alhambra, antes de recorrer sus patios y sus salas, «es mucho más útil, más pedagógico, comer el delicioso alfajor de Zafra o las tortas alajú de las monjas de Santiago, que dan, con la fragancia y el sabor, la temperatura auténtica del palacio cuando estaba vivo, así como la luz antigua y los puntos cardinales del temperamento sensual de su corte» (III, 114).

Lorca era goloso, y si daba estos consejos es que sabía lo que decía. En su conferencia-recital sobre Granada, *Cómo canta una ciudad de noviembre a noviembre*, incidió otra vez sobre el tema. «El alfajor y la torta alajú y el mantecado de Laujar dicen tanto de Granada como el alicatado o el arco morisco», empezó (III, 137). Luego se refirió a las ferias de otoño e invierno, «con nueces, con azufaifas, con rojas acerolas, con muchedumbre de membrillos, con torres de jalluyos y panes de azúcar de la panadería del Corzo» (III, 147).

Debo reconocer que, a pesar de mis esfuerzos, no he sido capaz de obtener más noticias acerca de la panadería mencionada por el poeta.

Varios de estos nombres de dulces son, claro está, de procedencia árabe. Alajú, por ejemplo, que según el *Diccionario de la Real Academia Española* significa «pasta de almendras, nueces y, a veces, piñones, pan rallado y tostado, especia fina y miel bien cocida». Alfajor, de derivación asimismo árabe, es una rosquilla de alajú. La acerola es la fruta del acerolo o níspero, y la azufaifa del azufaifo, árbol que, según la misma fuente, pertenece a la familia de las ramnáceas y alcanza cinco o seis metros de altura. En cuanto al jalluyo (o jallullo), cuya derivación no encuentro en los diccionarios, se trata de una torta muy apreciada por Lorca y sus amigos, como me recordaba en 1965, con nostalgia, Miguel Cerón, al comentar su práctica desaparición.

Hoy en Granada pervive la tradición de los dulces. José Miguel Castillo nos proporciona la siguiente lista de conventos y monasterios dedicados a su elaboración:

Frutas en almíbar y confitadas de las Comendadoras de Santiago, en el Realejo. Hojaldres, mostachones y tocinillos en las Paulas, en el Monasterio de San Jerónimo. Huevos moles del Convento de San Antón. Glorias y bizcocadas, trufas de chocolate y cuajadas del Convento de Zafra. Quesitos de Belén, huesos de santo y bollitos de batata del Monasterio de San Bernardo. Torta real de las Tomasas, en el Albayzín. Pastela nazarí del Convento de la Encarnación, que une hojaldre, almendra, canela, pechugas de perdiz, jamón, sesos, carne, compota de tomate, pimiento y miel. Con fórmulas y procedimientos celosamente secretos, las pastelerías tienen fama, y los dulces de tradición morisca desde los conventos de clausura introducen en un paraíso goloso en que la yema, almendra y frutas, con miel, azúcar y canela, logran una riqueza que alcanza en sus tocinillos y glorias el nombre del cielo.   (p. 50)

En su romance «La monja gitana» —ubicado en un convento de clausura del Albaicín— el poeta alude a la tradición que vamos comentando al consignar que

> *Cinco toronjas se endulzan*
> *en la cercana cocina.*
> *Las cinco llagas de Cristo*
> *cortadas en Almería.* (I, 423)

Parece ser que pensaba en los dulces llamados capuchinas, pues, en Andalucía, «llagas de Cristo» es nombre metafórico y popular de esta flor que, con sus cinco pétalos en forma de capuchina y sus manchas rojas, recuerda las heridas de Jesús crucificado. Sospechando la posibilidad de que hubiera antaño un dulce llamado «llagas de Cristo», he consultado el asunto con varios especialistas en la materia. Ninguno ha conocido uno así bautizado, aunque Francisco Izquierdo, gran experto en todo lo granadino, creía recordar haber oído hablar de ellas.

Con un poco de suerte el peregrino lorquiano podrá comprar algunos de los dulces que tanto gustaban a nuestro poeta al llamar a la puerta del convento de Zafra. No verá a ninguna monja, pero hablando con la tornera quizá se podrá efectuar el trato.

En abril de 1927 Lorca le mandó a Melchor Fernández Almagro una postal del Generalife en la que le comunicaba la magnífica impresión que le acababa de hacer la Semana Santa de Granada. «Desconocida para ti —escribe—. La procesión del Cristo de Mora en la Carrera del Darro es lo más sorprendente de emoción religiosa que he visto» (*EC*, p. 473). Se refería a la escultura debida a José de Mora perteneciente a la iglesia albaicinera de San José.

Las procesiones de Semana Santa que transitan por la Carrera del Darro son de verdad inolvidables, sobre todo si asoma la luna detrás de la Alhambra.

Muy pronto empezaremos nuestra subida por el Albaicín. Pero, primero, sigamos por la Carrera del Darro. Un poco más allá, en la acera izquierda frente a la iglesia de San Pedro y San Pablo, está la Casa de Castril, construida en 1539. Tiene una bella portada plateresca que recuerda los bajorrelieves del palacio de Carlos V. El edificio alberga el Museo Arqueológico y Etnológico de Granada. A su lado se encuentra el palacio de la poderosa familia granadina Pérez de Herrasti (mencionada en *Doña Rosita la soltera*), de filiación carlista.

Entre las inmediatas y estrechísimas callecitas de Gloria y Santísimo está el convento de San Bernardo, de monjas cistercienses, cuyas especialidades en materia de dulces ya se ha mecionado. En mi última visita un cartel invitaba a comprarlos.

Propongo que iniciemos por Santísimo nuestra subida al mirador más célebre del Albaicín, la plaza de San Nicolás. Es empinada, de modo que tomaremos nuestro tiempo.

El joven Lorca evoca el barrio, con entusiasmo romántico, en cuatro páginas de *Impresiones y paisajes* (IV, 122-126): «Son las calles estrechas, dramáticas, escaleras rarísimas y desvencijadas, tentáculos ondulantes que se retuercen caprichosas y fatigadamente para conducir a pequeñas metas desde donde se divisan los tremendos lomos nevados de la Sierra, o el acorde espléndido y definitivo de la Vega.» Leyendas y supersticiones, abandono, olvido, las tapias blancas de los cármenes, solares vacíos donde crecen «los pulpos petrificados de las pitas» (la imagen volverá a aparecer en el poemilla «Pita» de

Poema del cante jondo), las «notas funerales» de los cipreses que asoman sus copas detrás de los muros, algún piano tocando, «miedosos aljibes en donde el agua tiene el misterio trágico de un drama íntimo»... La colina moruna es hogar de la tristeza, de la nostalgia. En el poema «Albaicín», de la misma época, Lorca cifra otra vez en los aljibes la esencia del barrio, oyendo en ellos «la voz profunda que llora a una raza» (IV, 391).

No podía desconocer, además, que «aljibe» es árabe (a diferencia de «pozo», que deriva del latín).

Por doquier en el barrio percibe «una angustia infinita, una maldición oriental que ha caído sobre estas calles» e incluso en la mirada de las gentes cree identificar una vaguedad «que parece que sueñan en cosas pasadas» (IV, 125).

Y es que para el poeta todo en el Albaicín habla de la ausencia de los musulmanes expulsados y de la represión de una cultura.

Al ir subiendo pausadamente por Santísimo (la pendiente es considerable) hay que detenerse con frecuencia no solo para descansar sino para disfrutar las maravillosas vistas de la Alhambra que se van abriendo.

Santísimo nos lleva a la calle de San Juan de Reyes, una de las más importantes del Albaicín. Enfilamos, casi enfrente, la callecita de Jazmín. El panorama que se nos ofrece de la Alhambra es ya soberbio.

Al final de Jazmín continuamos todo recto y entramos en Careíllos de San Agustín (hay un rótulo para guiarnos). Seguimos por la continuación de esta, Guinea, tirando siempre a nuestra derecha, y llegamos pronto al punto donde empalma, unos escalones más arriba, con Aljibe de Trillo. El aljibe en cuestión, que se halla en el arranque de la calle, marcado por una placa de cerámica (que indica que es del siglo XIV), toma su nombre, como señaló Lorca en su conferencia sobre Pedro Soto de Rojas, del poeta granadino barroco Francisco Trillo y Figueroa (III, 84).

Unos doscientos pasos más adelante, a mano izquierda después de rebasar la placeta del Almez, se encuentra el Carmen de Alonso Cano. En los felices tiempos anteriores a la guerra pertenecía a un gran amigo del poeta, Fernando Vílchez, a quien dedicó algunas páginas de *Impresiones y paisajes* con las palabras: «A Fernando Vílchez, artista todo bondad y simpatía» (IV, 145).

En su libro *A Picture of Modern Spain* (1921) el hispanista inglés John Trend evoca una memorable velada artística celebrada en este carmen. Fue en el otoño de 1919 después de un concierto en homenaje a Falla ofrecido en el Centro Artístico por el Trío Iberia de Ángel Barrios. En el jardín, bajo las estrellas, los músicos repitieron parte de su programa. Y sigue Trend:

Antes de despedirnos del carmen, nuestro huésped nos invitó a subir con él a otra terraza superior, justo debajo del techo. Allí estuvimos encima de las copas de cipreses y se nos ofrecía un inmenso panorama: las curvas lomas de Sierra Nevada, la indistinta silueta de la colina de la Alhambra y sus palacios, el violeta verdáceo de las blancas paredes bañadas de la luz de la luna, con manchas rosa de algunos faroles distribuidos acá y allá, las lejanas campanadas, los repiques que regulaban las irrigaciones [se refiere a la Torre de la Vela], el tranquilo murmullo del agua que caía. Pedimos con entusiasmo música de Falla. Y luego, cuando los músicos habían tocado hasta cansarse, un poeta recitó, con voz resonante, una oda dedicada a la ciudad de Granada. Su voz subía a medida que se sucedían las imágenes y su extraordinario raudal de retórica inundaba el silencio. ¡Qué importaba, concluía, que las glorias de la Alhambra hubiesen desaparecido para siempre, si era posible disfrutar noches como esta, iguales, si no superiores, a cualquiera de las mil y una!   (pp. 243-244)

Trend aclararía después que se trataba de Federico García Lorca. Quizás el poema recitado era «Granada. Elegía humilde», publicado aquel junio en *Renovación*, la revista que dirigía Antonio Gallego Burín (IV, 37-38).

Cuando el poeta regresó a la Huerta de San Vicente en julio de 1936 traía consigo *La casa de Bernarda Alba,* acabada unas semanas antes. Un día se la leyó aquí a Fernando Vílchez y otros amigos, según me contó José Fernández Castro, que tuvo la suerte de asistir. Dentro de unos días, tal vez horas (no sabemos la fecha exacta de la lectura), toda Granada sería como la casa regida por la tiránica madre de la obra. Al poeta solo le quedaba entonces un mes de vida.

Puede ser que la noticia de la lectura, con su contenido ofensivo para la familia Alba y sus parientes en Asquerosa, llegase al pueblo y ayudase a crear allí un ambiente aun más hostil que el que existía antes hacia el poeta. Ya se sabía en Granada, además, por un resumen de la obra aparecida en el *Heraldo de Madrid*, de qué iba la temática de la misma.

Volviendo al inicio de la calle, con su aljibe, torcemos a la izquierda y subimos por una abrupta cuesta hasta la inmediata placeta del Comino. Mirando encima de la tapia del Carmen de la Alcazaba (señalada por un azulejo), la vista de la Alhambra y Sierra Nevada es esplendorosa. Continuando un poco más vemos, a nuestra derecha, el Restaurante-Carmen de Abén Humeya.

Abén Humeya fue el jefe de la rebelión de Las Alpujarras contra Felipe II a mediados del siglo XVI. El joven Lorca se refiere a él en un poema temprano: «Árabes disfrazados que esperan con valor / La venida gloriosa del fuerte Abén Humeya / Que vendrá por la sierra agitando el pendón...» (IV, 440). Hace algunos años este carmen se señalaba como «casa morisca». Si está abierto recomiendo que entres: por las vistas, para tomar un refresco y para disfrutar el ambiente.

Ya lo sabemos: un carmen granadino es algo así como un paraíso terrenal interior. En la ausencia del amor, sin embargo, la casi indecible belleza del panorama que desde ellos se suele disfrutar bien puede realzar la amargura y la soledad. ¡La soledad en un paraíso! Y si Granada, en el concepto del poeta, es una ciudad, a diferencia de Sevilla, «llena de iniciativas, pero falta de acción» (III, 82), no hay duda de que es en la arquitectura del carmen donde se expresa la actitud contemplativa o soñadora que el poeta atribuye a sus moradores. En un sutil ensayo sobre *Doña Rosita la soltera,* el dramaturgo José Martín Recuerda ha observado: «Parece que el granadino ha nacido para no tener suerte nunca, para la frustración, para la soledad dentro de sus cármenes, para no luchar y desprenderse de ese fatalismo heredado de los moros. Y se resigna porque el sentido estoico que Séneca nos legó, no se nos fue. Quedó en nosotros» (p. 50).

Si Martín Recuerda lo ve así, ¿quién es uno para llevarle la contraria? Al escoger un carmen del Albaicín para el escenario de *Doña Rosita la soltera,* su obra más esencialmente granadina, Lorca sabía lo que hacía.

Unos escalones más y alcanzamos el callejón de las Tomasas, así llamado porque, en el número 23, a nuestra derecha, se encuentra el Convento de Agustinas Recoletas de Santo Tomás de Villanueva. Lo acompaña un aljibe del siglo XII. Para Lorca este convento tenía una tenaz asociación personal porque a él y a su familia les encantaba oír aquí la misa del gallo. Escribiendo a los suyos desde Nueva York en enero de 1930, después de pasar su primera Navidad en otro país, recordó con nostalgia: «La Nochebuena, claro es, la mejor que yo he visto, son las monjas tomasas, o aquella inolvidable Nochebuena de Asquerosa en la cual pusimos a San José un sombrero plano rojo y a la Virgen mantilla de toros» (*EC*, p. 673). Acaso en la intención del poeta la referencia a San José y a la Virgen se aplicaría más bien a las Tomasas que a Asquerosa, ya que, en la conferencia *Cómo canta una ciudad de noviembre a noviembre*, volviendo a recordar la Nochebuena granadina, indicó: «Ya están las monjas Tomasas poniendo a San José un sombrero plano color amarillo y a la Virgen una mantilla con su peineta» (III, 141). ¿O es que en ambos sitios vestían casi igual a la Virgen y a su marido?

Subiendo por el callejón de las Tomasas llegamos sin demora al Carmen del Alba, al número 2, donde vivía el mencionado escritor granadino José Fernández Castro. Cada vez que me invitaba aquí para contemplar la Alhambra y la Sierra, yo me preguntaba si no sería el carmen de Doña Rosita. De todas maneras uno muy parecido. Sentado en el jardín, no me costaba ningún esfuerzo evocar la escena: el Tío cuidando sus rosas, las llamadas del cartero, las campanadas de los conventos, las eternas discusiones de la Tía y el Ama. Y el patético desenlace cuando se levanta el viento y empieza a llover. El Tío ha muerto, ha arruinado a la familia gastando todo su dinero en semillas, no pueden seguir con la hipoteca, la puerta del invernadero golpea —está tan húmeda que ya no encaja—, no hay un duro y tienen que abandonar la casa. Bien lo dijo el poeta: «Para descansar de *Yerma* y *Bodas de sangre*, que son dos tragedias, yo quería realizar una comedia sencilla y amable; aunque no me ha salido, porque lo que me ha salido es un poema que a mí me parece tiene más lágrimas que mis dos producciones anteriores» (III, 619).

Justo después del Carmen del Alba unos escalones nos conducen a nuestra meta final, la plaza de San Nicolás. A la izquierda está el carmen del pintor inglés G. W. Apperley (hay un azulejo), que vivió aquí en los años veinte y tuvo cierta amistad con Lorca y sus compañeros.

No hace falta intentar una descripción del panorama que se obtiene desde esta maravillosa atalaya, aunque bien es verdad que también nos permite constatar otra vez hasta qué punto se ha degradado la Vega.

Se pensó en un principio celebrar aquí el Concurso de Cante Jondo de 1922, que tuvo lugar finalmente, como sabemos, en la plaza de los Aljibes de la Alhambra.

El Albaicín plantea muchos problemas a los arqueólogos. Debajo de nosotros están al parecer los restos de la Granada ibérica (Iliberri o Ilíberis), difíciles de investigar debido al caserío y red de calles estrechas que cubren el cerro. Pero ¿los restos de la romana? ¿Hubo en realidad una ciudad romana aquí? Hay quienes lo ponen en duda, señalando que, pese a más de cien excavaciones parciales, todavía no han aparecido indicios concluyentes. De un foro, por ejemplo, o de un teatro o termas, consustanciales con el concepto romano de ciudad. Sabemos, por otro lado, que existió un Municipium Florentinum Iliberitanum que envió a Roma a tres senadores y un cónsul y que además se celebró aquí o cerca, entre el año 300 y el 324, un concilio cristiano, el Concilium Eliberritanum. ¿O fue en el *oppidum* que existía al pie de Sierra Elvira

—nombre que se diría relacionado con Ilíberis— ubicada no lejos en el borde de la Vega? No soy competente para contestar. Cabe pensar que dentro de algunos años sepamos más, quizá mucho más. Entretanto me quedo con Lorca y con su comentario de que «en el turbio palimpsesto del Albaicín surgen rasgos de extrañas ciudades perdidas en la arena» (III, 50).

Bajando desde San Nicolás por donde vinimos, llegamos, girando a la derecha, al monasterio de Santa Isabel la Real, que tiene un espléndido pórtico gótico de la época de los Reyes Católicos (cuyos emblemas, el yugo y las flechas, figuran encima de la puerta).

En *Impresiones y paisajes*, Lorca se fija de modo casi obsesivo en los conventos del Albaicín, «conventos de clausura perpetua, blancos, ingenuos, con sus campaniles chatos, con las celosías empolvadas, muy altas, rozando con los aleros del tejado... donde hay palomas y nidos de golondrinas» (IV, 124).

Menciona de pasada el de Santa Isabel la Real (IV, 124), que es probable visitara con su catedrático de Teoría de la Literatura y de las Artes, Martín Domínguez Berrueta, que tanto influyó en su carrera. Fue levantado poco después de la toma sobre un solar ocupado antes por un palacio de los reyes moros llamado Dar al-Horra («Casa de la Sultana»).

Tratándose de un convento de clausura, pocos curiosos han logrado ver su interior. La esbelta torre —antiguo minarete— es una de las más garbosas de la ciudad. El edificio tiene un patio conocido como «Patio árabe» o «Patio del Toronjo», que quizás inspiró la composición «Patio húmedo» de *Libro de poemas* (I, 133-134). También parece que el romance «La monja gitana», de inconfundible sello albaicinero, algo le debía al convento:

Silencio de cal y mirto.
Malvas en las hierbas finas.
La monja borda alhelíes
sobre una tela pajiza... (I, 423)

Siguiendo calle abajo penetramos pronto en una de las plazas más encantadoras de Granada, la de San Miguel Bajo. La iglesia, construida sobre los restos de una mezquita, alberga las tumbas del escultor Diego de Mora y del pintor Pedro Atanasio Bocanegra. Al lado de la portada lateral se encuentra otro de los típicos aljibes del barrio. Pertenecía a la mezquita y es del siglo XIII.

La plaza de San Miguel Bajo tiene la particularidad de no ofrecer vistas sobre la Alhambra, pero sí, a cambio, un ambiente recoleto y simpático, con terrazas agradables que invitan a tomar un descanso.

Para regresar al centro de Granada hay desde aquí minibús y tren turístico, pero vale la pena hacerlo a pie. Recomiendo que, abandonando la plaza por el lado derecho detrás del Cristo que la preside, y después de contemplar la ciudad desde el inmediato mirador de la Cruz de Quirós, tiremos a la izquierda y vayamos bajando por la calle del mismo nombre. Esta empalma luego, a mano derecha, con la cuesta Marañas, que nos conduce, siempre bajando, a una calle más ancha que a mí me encanta: Calderería Nueva. Tiene numerosos bazares y salas de té, varios de ellos regidos por los musulmanes que llevan tiempo «repoblando» el Albaicín, lo cual parece justo en vista de la cruel represión y luego exilio a que se sometió a los moriscos a partir de 1492.

Por Calderería Nueva llegamos pronto a la calle de Elvira, que a su vez nos devuelve en seguida a Plaza Nueva.

Paseo Siete

San Miguel, patrón gay de Granada

Se trabó una batalla en el cielo: Miguel y sus ángeles declararon la guerra al dragón. Lucharon el dragón y sus ángeles, pero no vencieron, y no quedó lugar para ellos en el cielo. Y al gran dragón, a la serpiente primordial que se llama diablo y Satanás, y extravía la tierra entera, lo precipitaron a la tierra, y a sus ángeles con él.

Apocalipsis 12, vv. 7-9.

Dos cosas tiene Granada
que le envidia el universo:
la Virgen en la Carrera
y san Miguel en el Cerro.

Copla popular

Para que no le falte de nada, Granada —como Inglaterra y Francia— tiene su Saint Michael's Mount o Mont Saint-Michel. La celebridad local del Cerro de San Miguel Alto, también conocido como Cerro del Aceituno, se refleja en la copla popular reproducida arriba. Se explica no por el templo allí erigido, de poco interés arquitectónico, sino por la imagen del arcángel, evocado en el fascinante romance de Lorca dedicado al santo. Ningún amante de la obra del poeta debe privarse del placer de conocer el sitio aunque entrar en el templo es habitualmente imposible, como explicaré más adelante.

Desde el paseo de los Tristes (oficialmente plaza del Padre Manjón) sale hacia arriba, en abrupta pendiente, la cuesta del Chapiz, principal vía de acceso al Albaicín. En su mismo arranque, el 20 de julio de 1936, se excavó una zanja para impedir que los camiones fascistas pudiesen penetrar en el barrio. De poco les sirvió a los vecinos.

En el número 4, a mano derecha, está la casa-carmen de los Córdova, que alberga el Archivo Histórico de la Ciudad. En frente vemos la Escuela de Ave María, fundada para niños pobres por el referido clérigo Andrés Manjón.

Algo más arriba, a la derecha, está la Casa del Chapiz, sede de la Escuela de Estudios Árabes, inaugurada por la República en 1932 y cuyo primer director fue Emilio García Gómez, amigo del poeta. Frente a la entrada hay una estatua de Chorrojumo, el último «rey» de los gitanos granadinos (inspirador en parte, quizá, del poema «El Rey de Harlem», de *Poeta en Nueva York*).

Aquí arranca el camino del Sacromonte, que ahora enfilamos.

El barrio, famoso por sus cuevas, es ya solo una sombra de lo que fue en el siglo XIX e incluso hasta hace cincuenta años, pues, en 1962, a raíz de fuertes inundaciones, buena parte de la colonia troglodita gitana fue «trasladada» a otros barrios. Vale la pena, con todo, visitar este lugar mítico en los anales del romanticismo y del cante flamenco. Aquí verás todavía a calés que parecen

recién llegados de orillas del Ganges o del Eúfrates, y, si asistes a una zambra, puede que se ponga a bailar alguna belleza oriental salida de *Las mil y una noches*.

El Sacromonte, con sus cuevas, chumberas y pitas y, detrás, las peladas lomas que corona el santuario del arcángel, es el escenario que intuimos en muchos de los versos «gitanos» de Lorca, por ejemplo el «Poema de la soleá»:

> *Tierra*
> *vieja*
> *del candil*
> *y la pena.*
> *Tierra*
> *de las hondas cisternas.*
> *Tierra*
> *de la muerte sin ojos*
> *y las flechas.*   (I, 310-311)

Parece ser que, al concebir su «Romance de la luna, luna», Lorca pensaba en alguna fragua gitana del Sacromonte. Y es probable que el «monte oscuro» por el cual baja Soledad Montoya en «Romance de la pena negra», después de su frenética e infructuosa búsqueda amorosa, también se relacione con él. Además, ¿no pueden contener los primeros versos de otro romance, «Muerto de amor», una alusión a este cerro habitado durante siglos por los gitanos?

> *¿Qué es aquello que reluce*
> *por los altos corredores?*
> *Cierra la puerta, hijo mío,*
> *acaban de dar las once.*

En mis ojos, sin querer,
relumbran cuatro faroles.
Será que la gente aquella
estará fregando el cobre.   (I, 437)

En cuanto al «Romance de la Guardia Civil Españo-la», no se trata de manera explícita, por supuesto, del Sa-cromonte. Pero este fue durante siglos, dentro del ámbito granadino, la «ciudad de los gitanos» por antonomasia, siempre sujeta a los embates de las autoridades payas, y podemos imaginar que ello no sería ajeno a la creación del poema.

Es un hecho, de todas maneras, que Lorca conocía al dedillo el barrio y tenía buenos amigos entre los que aquí bailaban, cantaban, trabajaban en sus quehaceres tradi-cionales (cobre, hierro, caballos) y, en general, prolon-gaban un modo de vida con raíces hundidas en el lejano pasado y siempre a contracorriente de quienes manda-ban y cortaban.

Es interesante, si hay tiempo, seguir por este camino —la antigua carretera de Guadix— y subir a la abadía. Desde arriba se obtienen vistas insólitas del valle del Da-rro, de la Alhambra y de Granada misma. El enclave en sí no tiene connotaciones lorquianas, pero ello no quiere decir que no merezca una visita (la biblioteca es impor-tante, con algunos manuscritos árabes, y el museo tiene un bello cuadro de Gérard David, *La Virgen de la Rosa*).

Volvemos a la cuesta del Chapiz y retomamos nues-tra subida. Llegamos en unos segundos a la iglesia de San Salvador, a mano izquierda. De aquí, desde hace unos quince años, sacan cada 29 de septiembre una copia de la imagen de san Miguel y la suben al santuario (del cual no sale nunca la original).

Veinte metros más y alcanzamos la placeta de Aliatar. Desde este punto podemos ver, allí arriba, la meta de nuestra excursión. Cinco bocacalles más adelante, siempre a la derecha, hay una casa con puerta en forma de arco de herradura. Una placa recuerda que en ella esculpió José de Mora, en 1695, su famoso y ya mencionado Cristo de la Misericordia (que alberga la iglesia de San José).

Al fondo de la minúscula calle (sin rótulo) está la Casa de los Mascarones del poeta barroco granadino Pedro Soto de Rojas, tan admirado por Lorca y sus amigos. Hay dos mascarones en la fachada y encima de la puerta se halla todavía el azulejo conmemorativo (obra de Hermenegildo Lanz) colocado aquí en julio de 1926 por el Ateneo.

El precioso jardín creado por Soto de Rojas detrás de la mansión, y que ya no existe, inspiró su magno poema *Paraíso cerrado para muchos, jardines abiertos para pocos,* que a su vez sirvió para que Lorca meditara, como sabemos, sobre la estética granadina de lo pequeño y lo recoleto.

No he logrado nunca entrar en la casa, que ahora está dividida en pisos.

Recomiendo un descanso en el bar Los Mascarones, situado justo al lado: simpático establecimiento frecuentado por gente del cante y de la literatura —como atestiguan las fotos—, y que se especializa en migas con sardinas... y chismorreo albaicinero.

Desde aquí podemos empezar nuestra subida al santuario.

Tiramos por la primera calle a la derecha, la de San Gregorio Alto. Nos conduce en unos momentos a la placeta de la Cruz de Piedra. De esta sale la calle de San Luis, donde se aprecia la ruina de la iglesia de este nombre, incendiada durante los disturbios que siguieron a las elecciones de 1933, ganadas por la coalición dirigida por José María Gil Robles, la CEDA (Confederación Española de Derechas Autónomas). Las primeras palabras que pronuncia la protagonista de *Doña Rosita la soltera* son: «¿Y mi sombrero? ¿Dónde está mi sombrero? ¡Ya han dado las treinta campanadas en San Luis!» (II, 531).

Abandonamos la placeta de la Cruz de Piedra por el carril de San Miguel, que nos lleva a un descampado encima del barrio. A nuestra izquierda se extiende la antigua muralla árabe, que llega hasta el santuario. Debajo de nosotros está el casco vacío de la iglesia de San Luis. Más allá, toda la ciudad, la Vega y, a la izquierda, Sierra Nevada, la Silla del Moro, el Generalife y la Alhambra. Como vegetación, las «pitas agrias» del «Romance sonámbulo» y las chumberas.

Poco a poco nos vamos aproximando al templo.

El panorama, cuando llegamos a la explanada que tiene delante, quita el aliento (aunque las antenas de televisión colocadas justo al lado son un ultraje imperdonable).

San Miguel, capitán de las huestes celestes, vencedor de Satánas y arcángel encargado de pesar las almas de buenos y malos, no es el patrón oficial de Granada, distinción compartida por la Virgen de las Angustias y el espúreo san Cecilio (a quien Lorca, si no me equivoco, no menciona una sola vez en sus escritos). Tampoco lo son de sus respectivas ciudades san Rafael y san Gabriel, protagonistas de los poemas que completan el famoso tríptico del *Romancero gitano* (Rafael es el custodio, eso sí, de Córdoba, y los patrones de Sevilla son san Fernando y la Virgen de los Reyes).

Lorca veía así el asunto:

En el poema irrumpen de pronto los arcángeles que expresan las tres grandes Andalucías: san Miguel, rey del aire, que vuela sobre Granada, ciudad de torrentes y montañas; san Rafael, arcángel peregrino que vive en la Biblia y en el Corán, quizá más amigo de musulmanes que de cristianos, que pesca en el río de Córdoba; san Gabriel Arcángel anunciador, padre de la propaganda, que planta sus azucenas en la torre de Sevilla.   (III, 183)

La relación de san Rafael con el Guadalquivir (y sus peces) se explica por el hecho de que, como sabía Lorca, tiene un altar muy venerado en medio del famoso puente romano cordobés. Y es cierto que san Gabriel «planta sus azucenas» en «la torre de Sevilla», que no es otra que la Giralda, adornada en su parte alta con búcaros de hierro con ramos de la hermosa flor blanca siempre asociada con la Anunciación.

El romance de san Miguel evoca la muy popular romería que cada 29 de septiembre, su onomástica, subía por el Albaicín a la iglesia. Hoy ha perdido mucho, pero durante la juventud de Lorca era todavía un acontecimiento muy notable del calendario granadino.

José Surroca, uno de sus profesores en la Universidad, la describió detalladamente en su libro *Granada y sus costumbres* (1912). Se montaban puestos ambulantes a lo largo de la subida, y en la explanada del templo se vendían «buñuelos, tejeringos, aguardiente, vinos, licores, cacahuetes, nueces, acerolas, torrados, pasteles, etc., y especialmente los *higos chumbos*, de los cuales se hace un gran consumo». Surroca añade que el día de san Miguel la juventud granadina enamorada «tiene por costumbre los regalos de un girasol y ramas de erizos verdes» (es decir, castañas).

En los primeros versos del romance hay una clara alusión a los girasoles, emblemas del amor, que eran subidos al cerro la noche antes a lomos de animales:

Se ven desde las barandas,
por el monte, monte, monte,
mulos y sombras de mulos
cargados de girasoles. (I, 427)

Surroca termina así su descripción de la romería: «Allí se pasa el día, corriendo, cantando y bailando hasta las últimas horas del anochecer, y el barrio del Albaicín, con sus alegrías y entusiasmos, obsequia a las familias que concurren la romería» (pp. 82-83).

En su origen el santuario fue un torreón árabe, construido para proteger la muralla. Según la leyenda había anteriormente en el lugar una iglesia cristiana con un olivo que, en un solo día, florecía y producía aceitunas maduras. Ello explica que el cerro se conozca también como del Aceituno. La iglesia nueva, construida en 1673, fue destrozada por los franceses en 1812, cuando la Guerra de la Independencia, y reconstruida poco tiempo después.

Como ya he dicho, está normalmente cerrada. Detrás hay un centro de internamiento de menores infractores. Hace años su director me permitió el acceso. Pero ya no es posible y le dicen al curioso que «hay que pedir permiso a la Curia». ¿Y dónde está la Curia? El 29 de septiembre sí se abre el recinto, para que los fieles puedan rendir homenaje al santo, y también en época navideña.

Añadiré que, en el exterior del templo, no hay alusión alguna al famoso romance lorquiano: ni una placa ni una cita. Y es que, según un granadino muy amigo mío, «a los curas no les gusta nada el poema por su contenido homosexual».

Claro que no.

La talla del arcángel, labrada en 1675, es obra de Bernardo Francisco de Mora (ilustración 6). Si no hubiera sido tan andrógina quizá no le habría llamado la atención a Lorca. El 28 de septiembre de 1926, el día antes de la romería, un anónimo redactor de *El Defensor de Granada* observaba: «Es digno de notarse el que su cara, teniendo el sumun [sic] de belleza, no pueda decirse con precisión que lo sea de hombre ni de mujer.» Es cierto. Para poder derrotar al enemigo, como es su cometido, uno se imagina a san Miguel como un tipo forzudo, pero no así el de Mora, con sus brazos blandengues y los encajes, enaguas y plumas en que le han envuelto. Está pisando al diablo, de acuerdo —un diablo encadenado realmente grotesco—, pero sospechamos que no será capaz de hacerle el más mínimo daño y que a lo mejor ni quiere.

El templo en sí no es hermoso. Es evidente que el poeta lo conocía bien. Y cabe inferir que la idea de componer sendos romances dedicados a las «tres grandes Andalucías» se le ocurriera aquí mismo, ya que, a la izquierda del camarín del santo, situado en el centro de la iglesia, hay una imagen de san Rafael, con su pez en la mano, y, a su derecha, otra de san Gabriel. Fue mi amigo Claude Couffon, en su libro *À Grenade, sur les pas de García Lorca*, el primero en señalar que casi forman el tríptico de un retablo.

En la parte inicial del poema Lorca evoca los preparativos nocturnos que hemos indicado y la llegada del alba. Luego nos introduce en el camarín donde el arcángel, con el brazo derecho alzado como el minutero del reloj «en el gesto de las doce», espera a sus devotos:

San Miguel lleno de encajes
en la alcoba de su torre,
enseña sus bellos muslos
ceñidos por los faroles.

Arcángel domesticado
en el gesto de las doce,
finge una cólera dulce
de plumas y ruiseñores.
San Miguel canta en los vidrios;
Efebo de tres mil noches,
fragante de agua colonia
y lejano de las flores.   (I, 428)

El narrador, como se ve, no duda que este san Miguel es gay (en todas las ediciones del *Romancero gitano* el poeta mantuvo la «e» mayúscula de «Efebo», enfatizando así su calidad de tal). Estamos ante un arcángel «domesticado» cuya cólera es *camp*, dulce y fingida. Flota en el camarín una intensa fragancia de agua de colonia, pues, después de poner tanto esmero en su delicado atuendo, ¿cómo iba a olvidarse san Miguel del toque final del perfume?

Está amaneciendo y van llegando los primeros romeros. El poeta selecciona para nuestra atención a algunos de ellos. Primero, unas manolas que comen las simbólicas semillas de girasol, como incumbe en este día relacionado con el amor. Lo inesperado es la descripción que se nos ofrece de su aspecto físico, pues vienen con «los culos grandes y ocultos / como planetas de cobre», culos cuyo perfil notarán, de seguro, otros participantes en el peregrinaje.

Después llegan unos «altos caballeros» y unas «damas de triste porte» que nos suscitan compasión porque se han vuelto, como doña Rosita,

> *morenas por la nostalgia*
> *de un ayer de ruiseñores.*   (I, 429)

Forman, es decir, a diferencia de las alegres manolas, en las filas de las mujeres frustradas del mundo lorquiano que no han podido vivir su vida y que, quizá, dado el componente amatorio de la fiesta, han subido al cerro con la vaga e ingenua esperanza de conocer por fin a su príncipe azul.

Los romeros se acomodan dentro del templo. Sorpresa. El oficiante es el menos esperado:

> *Y el obispo de Manila*
> *ciego de azafrán y pobre,*
> *dice misa con dos filos*
> *para hombres y mujeres.*   (I, 429)

¿Por qué el obispo de Manila? No hay constancia de que ningún jerarca católico de Filipinas pisara jamás San Miguel Alto. ¿Recordaría el poeta, por «cerebración inconsciente» —que diría su tan admirado Rubén Darío—, que a la primera ciudad filipina, fundada por Legazpi, se le dio precisamente el nombre del arcángel? Fuera como fuera, ha dispuesto que sea dicho obispo quien diga esta misa «con dos filos» (¡ojo!, no dos *filas* como han creído algunos) para hombres y mujeres. ¿Tiene tales filos la misa en el sentido de ser esta sexualmente ambigua? Parece que sí.

El final del romance nos permite dirigir una última mirada al camarín del santo, ¡su «alcoba»!, y añade un enigma más:

> *San Miguel se estaba quieto*
> *en la alcoba de su torre,*

con las enaguas cuajadas
de espejitos y entredoses.

San Miguel, rey de los globos
y de los números nones,
en el primor berberisco
de gritos y miradores.   (I, 429)

San Miguel es rey de los globos porque se soltaban desde el Cerro del Aceituno, a lo largo de su festividad, hoy ya no, y se ponían a volar alegremente por el cielo de Granada. El enigma está en los números nones. ¿Por qué los preside el arcángel? Creo que la cuestión se resuelve confrontando el romance con *El público*, la obra de teatro más surrealista de Lorca, donde el Emperador homosexual busca, desesperado, al «uno» (II, 293-294), y con «Pequeño poema infinito», del ciclo neoyorquino, donde leemos:

Pero el dos no ha sido nunca un número
porque es una angustia y su sombra,
porque es la guitarra donde el amor se desespera,
porque es la demostración del otro infinito que
                    no es suyo
y es las murallas del muerto
y el castigo de la nueva resurrección sin finales.
Los muertos odian el número dos,
pero el número dos adormece a las mujeres,
y como la mujer teme la luz,
la luz tiembla delante de los gallos
y los gallos solo saben volar sobre la nieve,
tendremos que pacer sin descanso las hierbas de
                    los cementerios.   (I, 579)

El san Miguel lorquiano pertenece a la «raza maldita» de los amantes no convencionales y, en consecuencia, es rey de los números nones, de quienes no pueden, o no quieren, formar pareja heterosexual, procreativa. Cabe deducir, por ello, que el obispo que viene desde Manila, nada menos, para oficiar la misa «con dos filos» en la onomástica del arcángel, es portador de un mensaje que poco tiene que ver con la ortodoxia católica en materia de relaciones de pareja.

Si para Salvador Dalí «La casada infiel» era el peor poema del *Romancero gitano*, fue el dedicado a san Miguel el que más provocó el desdén y la ira de Luis Buñuel. Lo sabemos por una carta suya a José Bello fechada el 14 de septiembre de 1928. El aragonés da la impresión de haber intercambiado prejuicios sobre el libro con el pintor. No le han gustado nada las elogiosas reseñas aparecidas en la prensa. El *Romancero gitano*, en resumidas cuentas, es «muy malo», y hablando de él no puede reprimir su homofobia (ni una referencia desdeñosa a Luis Cernuda):

> Es una poesía que participa de lo fino y aproximadamente moderno que debe tener cualquier poesía de hoy para que guste a los Andrenios,[1] a los Baezas[2] y a los poetas maricones y cernudos de Sevilla. Pero de ahí a tener que ver con los verdaderos, exquisitos y grandes poetas de hoy existe un abismo. Abro el libro al azar:

1. Eduardo Gómez Baquero, «Andrenio».
2. El crítico Ricardo Baeza.

San Miguel lleno de encajes
en la alcoba de su torre
enseña sus bellos muslos
ceñido por los faroles.

(Bueno y qué!)[3]

Me cuesta trabajo creer que citara «al azar» los cuatro versos. Para Buñuel los «bellos muslos» que enseña el san Miguel lorquiano eran, hay que imaginarlo, repelentes.

Todo ello indica cuán difícil era para Lorca vivir, abiertamente, su vida auténtica, incluso, a veces, entre quienes consideraba sus mejores amigos.

El poeta hace innecesario que comentemos los dos últimos versos del romance, pues, en *Cómo canta una ciudad de noviembre a noviembre*, aludiendo a la explanada del santuario, con su fabulosa panorámica, nos dice: «Primor berberisco de gritos y miradores es la Granada vista desde el Cerro del Aceituno. Es un canto confuso lo que se oye. Es todo el canto de Granada a la vez: ríos, voces, cuerdas, frondas, procesiones, mar de frutas y tatachín de columpios» (III, 148).

Tal vez me haya demorado más de la cuenta en mi comentario al romance dedicado a san Miguel, pero no me arrepiento del todo por ser tan difícil conseguir penetrar en el santuario. Se trata para mí, y creo que con razón, de uno los sitios lorquianos más emblemáticos de la ciudad.

Volvemos sobre nuestros pasos y, al llegar a la placeta de la Cruz de Piedra, seguimos por la calle del mismo

3. Gibson, *Luis Buñuel, la forja de un cineasta universal,* pp. 271-272.

nombre que sale de aquí y que pasa, unos metros más allá, bajo el pequeño Arco de Fajalauza (según Seco de Lucena Paredes, en su *Plano de Granada árabe*, la palabra significa «Puerta del Campo de los Almendros»). Estamos en el barrio donde todavía se elabora la famosa cerámica, mencionada por Lorca en su capítulo sobre el Albaicín en *Impresiones y paisajes*. «En las cocinas —escribe allí—, las macetas de claveles y geranios se miran en las ollas y peroles de cobre, y las alacenas abiertas en la tierra húmeda se muestran repletas de los cacharros morunos de Fajalauza» (IV, 125).

Para comprar sobre el terreno algunas piezas, solo hay que continuar un poco más adelante hasta la calle de Fajalauza y bajar por ella. Donde se junta con la carretera general de Guadix y Murcia se encuentran las dos fábricas todavía existentes. En cualquiera de ellas se pueden adquirir unos preciosos recuerdos de Granada.

Pequeño epílogo romántico

Según una versión popular, a Lorca lo enterraron en el Cerro del Aceituno. En 1966 unos amigos míos norteamericanos, el hispanista Sanford Shepard y su mujer Helen encontraron un papel en el jardín de su carmen donde se habían escrito los siguientes versos, con una referencia a la protagonista del «Romance de la pena negra», Soledad Montoya:

> *Calle Real de Cartuja*
> *y la Cuesta de Alhacaba,*
> *Plaza Larga y Albaicín,*
> *a hombros de seis gitanas.*

Por siete cuestas arriba
al filo de la mañana,
va Federico García
a hombros de seis gitanas.

Al Cerro del Aceituno
se lo llevan a enterrar,
solo gitanos delante
solo gitanos detrás,
y solo suena en el aire
un cante, la soleá.

Soleá con la soleá
escarcha en aquella aurora
moja tus huesos llorando
Soleá, Soleá Montoya.

Me habría gustado que al poeta le diesen sepelio los gitanos, efectivamente, en el Cerro del Aceituno, cerca del arcángel. Pero por desgracia no fue así.

Paseo Ocho

Por los pueblos del poeta.
La Vega de Granada... y Moclín

Cuando llegué por vez primera a Fuente Vaqueros, en la primavera de 1965, todavía existía el pintoresco tranvía que, adentrándose en la llanura, cubría, con múltiples paradas, los dieciocho kilómetros que separan el pueblo de la capital. Pero, como el de la Sierra, ya pertenece al pasado.

Recomiendo que pasemos primero por Santa Fe, población de la Vega situada a diez kilómetros de Granada en la carretera de Loja, Málaga y Sevilla. Fue campamento de los Reyes Católicos durante la campaña granadina contra los árabes, y tiene forma de cruz, con la iglesia en el centro (desde la calle al lado de esta, o sea, al lado de la plaza, se ven las cuatro puertas de la localidad).

Aquí, a finales de 1491, firmaron Fernando e Isabel con el emisario del rey Boabdil las capitulaciones de Granada, que fijaban las condiciones que regían la entrega de la ciudad: condiciones muy favorables a los musulmanes que luego conculcaron de modo vergonzoso los cristianos. También firmaron los Reyes Católicos en Santa Fe, el 17 de abril de 1492, tomada ya Granada, su contrato con Cristóbal Colón, igualmente despreciado por los monarcas, que abrió la vía al «descubrimiento» de América (el 3 de agosto siguiente salieron de Palos de la Frontera *La Santa María, La Pinta y La Niña* y pisaron el almirante y sus hombres el Nuevo Mundo el 12 de octubre del mismo año). De todo ello estaría sin duda informado desde muy joven el futuro poeta, cuyos abuelos maternos procedían de Santa Fe, y quien, en sus viajes a la capital cuando era niño, pasaba por aquí en una «vieja diligencia» recordada en una carta de 1923 a Melchor Fernández Almagro, diligencia «cuyo mayoral tocaba un aire salvaje en su trompeta de cobre» (*EC*, p. 208).

Saliendo de Santa Fe, «cuna de la hispanidad», se ve a lo lejos la descarnada Sierra de Parapanda, herizada de antenas, que preside la Vega y cuya fama de barómetro se celebra en una copla recogida, como ya dijimos, por Richard Ford en 1831. Lucía, en *Mariana Pineda*, está al tanto del dicho, como todos los granadinos, y en la tercera escena de la obra, mientras Mariana espera inquieta la llegada de su amante, anuncia que el tiempo está cambiando a favor de los conspiradores:

> Hay nubes por Parapanda.
> Lloverá, aunque Dios no quiera.   (II, 95)

Y, de hecho, llueve a torrentes, facilitando así a Pedro y sus compañeros el poder llegar a casa de la heroína sin ser vistos.

En un poema temprano sin título Lorca apostrofa los «montecicos ingenuos» que bordean la Vega, surcados de hileras de olivos. A Parapanda, que sirve como telón de fondo, la ve como «La sierra arlequinesca / Que tiene

una joroba / En su cumbre serena» (I, 418-419). A mí no se me figura una joroba, más bien un pecho.

En un poemilla, quizá de 1921 y dedicado a su amigo aragonés Juan Vicéns, volvió a evocar la montaña:

> Canción definitoria
> *(Parapanda)*
>
> *Parapanda.*
> *Sierra sin olivos.*
>
> *Parapanda.*
> *Sierra sin caminos.*
>
> *Tú tienes la balada*
> *del pájaro sin nido*
> *y desnudas al sol*
> *en el ocaso.*
>
> *Parapanda.*
> *Sierra sin caminos.*   (I, 728)

Hoy sí tiene un camino. La vista de la Vega y de Sierra Nevada desde la «joroba» es inolvidable.

A unos tres kilómetros de Santa Fe torcemos a la derecha (hay una señal que dice, con desagradable contracción, «Chauchina, Fte Vaqueros»), y en seguida entramos en el primer pueblo. Ha crecido mucho como casi todos los de la Vega. Aquí vivió Luis Cortés Heredia, prototipo gitano de Antonio Torres Heredia, el de los dos famosos romances lorquianos, «hijo y nieto de Camborios».

Cortés Heredia tenía fama en la comarca por su garbo, sus buenos modales y su éxito con las mujeres. Aurelia González García, una de las primas favoritas del poeta, aseguró en 1956 al investigador norteamericano de origen español, Agustín Penón, que había conocido en persona a «Luisillo el Camborio», como le llamaban. «¡Qué gracia tenía! —recordaba—. Muy gitano, muy saleroso. Tocaba la guitarra como nadie. Era un verdadero artista. ¡Qué emoción le daba a la guitarra! ¡Qué quejíos arrancaba! Todos nos chalábamos por él. En mi casa no podía haber juerga sin que él viniera y la animara. Cuando había juerga lo mandábamos a llamar, y él, que era muy buen caballista, cogía el caballo y la guitarra y se venía en seguida. ¡Cómo animaba las fiestas!» (p. 221).

Cortés Heredia, de profesión carnicero como su padre, encontró una «muerte violenta», de acuerdo con su partida de defunción, la noche del 11 de junio de 1904, a los treinta años, al caer de su caballo mientras volvía a Chauchina. El pequeño Lorca pudo haberle conocido en casa de Aurelia, y es de suponer que se impresionaría ante la noticia de su trágico final. De todas maneras queda claro que, sin aquel rumboso gitano y la leyenda que se tejió luego en torno a él, no habrían nacido los romances de Antonio Torres Heredia, «viva moneda que nunca se volverá a repetir» (I, 437). Otra vez el punto de partida de la creación lorquiana se enraíza con tenacidad en hechos reales.

En Chauchina había durante la infancia de Federico un pintoresco alcalde, apodado *El pongao*. El de *La zapatera prodigiosa* procede en parte, al aparecer, del personaje. Por todo lo cual se puede decir que este pueblo tiene su pequeña importancia dentro del mundo lorquiano.

Al salir de Chauchina hacia Fuente Vaqueros nos hallamos pronto rodeados de choperas y, según la época, maizales y plantaciones de tabaco. Un minuto después llegamos a un puente sobre el Genil. El río tiene poquísima agua en verano y su cauce seco hace pensar en el escenario de «La casada infiel», cuya acción transcurre, dijo el poeta, en una «noche de vega alta y junco en penumbra» (III, 183).

Antes de llegar al pueblo, que está a dos pasos, vale la pena torcernos a la izquierda, justo antes del puente, y enfilar el caminito que bordea el Genil.

Se trata de ver algo que conocen poquísimos amantes de Lorca: la torre árabe que solía visitar de niño con sus amigos.

Pero, ¡ojo!, ¡ojo!, si ha llovido, si el camino está lleno de barro o, en verano, de arena, no te aventures por aquí a no ser que estés en un 4 × 4, pues un coche convencional podría tener problemas y verse obligado a recular, lo cual no es fácil. Mejor curarse en salud, pues, e ir andando.

Vemos otra vez, en la distancia, Parapanda. Casi llegan al otro lado del río las primeras casas de Fuente Vaqueros. Un kilómetro y medio más adelante percibiremos, a nuestra izquierda y en medio del campo, la torre que buscamos. Es fácil llegar hasta ella.

Según cuenta Lorca en *Mi pueblo,* los lugareños decían que moraba en la torre un enorme lagarto que violaba las tumbas del cementerio del pueblo de Romilla (pedanía de Chauchilla que se encuentra cerca), se comía «crudas» a las mujeres pero «respetaba» a los varones. Aquel niño tan sensible no gustaba de visitar el lugar, aunque, para no parecer cobarde, accedía, con «espanto» en el corazón, a acompañar hasta allí a sus amiguitos (IV, 863).

Se conoce en la comarca como «Torre de Roma» o «Torre de los Moros», nombre, el primero, que merece un pequeño comentario.

En tiempos de los musulmanes, expertos horticultores, la Vega de Granada era un paraíso. Pero a raíz de la Toma su decadencia no tardó en producirse, como apuntó el diplomático veneciano Andrea Navagero en 1526 (pp. 56-57). Los repobladores cristianos, acostumbrados a otras prácticas agrícolas más bastas, eran incapaces de adaptarse a las técnicas elaboradas y perfeccionadas durante siete siglos por sus antecesores. El deterioro progresivo de la llanura culminó en 1610 con la expulsión definitiva de los «moriscos», que se llevaron consigo los últimos secretos de tan eficaces métodos de cultivo.

En el centro de la Vega se extendía una espaciosa finca, el Soto de Roma, que hasta 1492 pertenecía a los reyes moros. Nos encontramos ahora en su linde sur. Existen discrepancias en cuanto al origen del nombre (que no tiene nada que ver con su homónimo italiano). Richard Ford creía que aludía a una profusión de granados, toda vez que la fruta en árabe es *Romman*, pero lo más probable es que derive de otra voz árabe parecida que significa «cristiana».

Esta etimología encuentra apoyo popular, si no confirmación, en el hecho de que, en el mencionado pueblo de Romilla (a veces llamado Roma la chica), se dice que vivió la cristiana Florinda, hija del conde don Julián, el traidor a quien se achaca el haber abierto las puertas de la Península a la invasión árabe de 711.

Los habitantes de Romilla se conocen como *romerillos* o *romanos*, explicándose así el origen geográfico de Pepe el romano en *La casa de Bernarda Alba*.

Fernando e Isabel distribuyeron entre sus caballeros las feraces tierras vegueras. Pero tuvieron buen cuidado de reservar para la Corona el Soto de Roma, que no tardó en ser designado «Real Sitio».

Por aquellas fechas el Genil corría al norte de Fuente Vaqueros, pero, en 1827, después de fuertes lluvias, se salió de madre y, causando muchos destrozos, entró por el sur del pueblo, donde sigue.

El Soto estaba cubierto en siglos pasados de árboles: encinares, alcornocales y quejigares, y, por las riberas del Genil y del Cubillas, tarajales, choperas, alamedas, olmedas y saucedales. Menos los chopos y álamos, apenas queda rastro de aquella vegetación.

Refiriéndose al Real Sitio en la primera parte de su famosa obra *Guerras civiles de Granada* (1595), Ginés Pérez de Hita, que conocía el lugar, apunta que es de «mucha espesura de árboles». Añade que «hoy día quien no tiene muy andadas las veredas se pierde en él» y que «hay dentro infinidad de caza volátil y terrestre» (p. 549). Más de cuatrocientos años después todavía es posible, para quien no tenga «muy andadas las veredas», perderse entre estas choperas, prototipo, cabe pensarlo, del misterioso y húmedo bosque de *Bodas de sangre*.

El Soto de Roma quedó durante unos trescientos años en manos de la Corona, siendo apenas explotada su agricultura. En su límite oeste, lamido por el Cubillas, y acaso sobre los restos de una alquería árabe, se levantó, en fecha no determinada, un palacete, con jardines y árboles exóticos, denominado Casa Real. Allí paraban los monarcas del momento en las raras ocasiones en que visitaban la finca para cazar.

En 1765 Carlos III regaló el Soto a quien había sido su ministro de Estado, Richard Wall, hijo de exiliados irlandeses, caballero de Santiago y embajador español en Londres. En el entonces pequeñísimo pueblo de Fuente Vaqueros, no lejos de la Casa Real, Wall empezó la construcción de la iglesia parroquial de Nuestra Señora de la

Anunciación, pero murió en 1777, a los ochenta y tres años, antes de verla terminada. Entonces volvió el Soto a la Corona y fue regalado luego, bajo Carlos IV, a Manuel Godoy, el llamado Príncipe de la Paz. Jamás lo visitó y, a su caída, regresó otra vez a la monarquía.

Cuatro años después, en 1813, su destino cambió de manera repentina al ser regalado en perpetuidad a Sir Arthur Wellesley, duque de Wellington, por las Cortes de Cádiz. Se trataba de premiar su magna contribución a la derrota del ejército invasor de Napoleón. La donación fue respetada, a regañadientes, por Fernando VII, al ocupar el trono en 1814, y durante más de cien años el Soto pertenecería a los Wellesley. Otra finca otorgada al mismo tiempo al primer duque, situada en los secanos detrás de la Vega, cerca de Íllora, está todavía en manos de la familia.

El Soto de Roma tenía unas 2.500 a 3.000 hectáreas, con límites que habían sido materia contenciosa desde tiempos de los Reyes Católicos. Cuando pasó a Wellington en 1813 comprendía varios pueblos de los cuales el más importante era Fuente Vaqueros, en el cual vivían 98 de sus 727 habitantes.

Sir Arthur jamás se dignó visitar sus propiedades granadinas, y durante el siglo XIX rigieron los destinos del Soto una serie de apoderados, de manera habitual ingleses, nombrados por él y sus sucesores.

La población de Fuente Vaqueros, y del Soto en general, tuvo un rápido crecimiento durante el siglo XIX, debido en primer lugar al cultivo del lino y del cáñamo, y el proceso culminó con el descubrimiento, hacia 1880, de que crecía con gran facilidad en la Vega la remolacha de azúcar. La revolución azucarera transformó en poco tiempo la economía, y hasta el paisaje, de la llanura. Fue un auténtico *boom* que hizo la rápida fortuna de muchos terratenientes y colonos, y atrajo a numerosos inmigrantes a los pueblos vegueros.

Entre los vecinos de Fuente Vaqueros a quienes la providencia les había abierto las puertas del bienestar figuraba Federico García Rodríguez, padre de nuestro poeta, que poseía extensas tierras fuera del Soto. Cuando Lorca nació en 1898 corría por la Vega un optimismo jamás conocido y su progenitor se había convertido en labrador rico.

Pero basta de explicaciones, volvamos a la ribera del Genil y, al llegar otra vez a la carretera, crucemos el puente sobre el río. A ambos lados observaremos unos secaderos de tabaco (espero que no hayan desaparecido) y en seguida entramos en el lugar natal del poeta.

En Fuente Vaqueros

La plaza de Fuente Vaqueros, con el monumento al poeta del escultor Cayetano Aníbal, poco tiene que ver hoy con la que conoció el poeta durante su infancia, entonces, más que plaza, pradera donde las mujeres lavaban y tendían su ropa y, por supuesto, jugaban los niños.

La fuente que da nombre al pueblo sigue en el mismo sitio al inicio de la plaza (frente al Ayuntamiento), aunque su aspecto ha cambiado. El joven Lorca recuerda en *Mi pueblo* su «eterno cantar» y especifica que tiene «cuatro sonidos de agua fresca y pura». A ella, dice, acuden las mujeres con su cántaro a la cintura y el lugar se anima con risas y cantos (IV, 845).

En una visita unos trece años después, en 1929, volvió a encomiar la fuente. Era, dijo, «uno de los motivos que más definen la personalidad de este pueblecito. Los pueblos que no tienen fuente pública son insociables, tímidos, apocados». Y añadió: «El pueblo sin fuente es cerrado, como oscurecido, y cada casa es un mundo aparte que se defiende del vecino» (III, 197).

Es un hecho que los vecinos de Fuente Vaqueros siempre han tenido fama de liberales y abiertos.

La casa donde vino al mundo el poeta —desde 1976 Museo-Casa Natal Federico García Lorca— se encuentra al final de la plaza, a mano izquierda, en el número 4 de la calle que hoy lleva su nombre (la entrada para visitantes está detrás).

Federico García Rodríguez se había casado en primeras nupcias, en 1880, con Matilde Palacios Ríos. El padre de ella, Manuel Palacios Caballero, concejal del pueblo y rico terrateniente, vio con buenos ojos el enlace y levantó para la pareja esta espaciosa casa.

¡Pobre Matilde! Aunque todo parecía favorecer a los recién casados, el descubrimiento de que no podía tener hijos empañó su felicidad. El 4 de octubre de 1894 murió de «obstrucción intestinal», según su partida de defunción, y la casa pasó con carácter vitalicio al viudo quien, además, heredó de su esposa una cantidad considerable de dinero, luego invertida en la compra de tierras.

Yerma, tragedia de la mujer de campo que no puede tener hijos, ¿debe algo a Matilde Palacios? Parece probable. «Mi padre se casó viudo con mi madre —declaró el poeta en una entrevista—. Mi infancia es la obsesión de unos cubiertos de plata y de unos retratos de aquella otra "que pudo ser mi madre"» (III, 364).

La casa fue restaurada por la Diputación Provincial de Granada, con excelente buen gusto. Desde que se abrió al público el 29 de julio de 1986 ha sido visitada por más de seis millones de admiradores de Lorca provinientes del mundo entero. Figuran nombres famosos en el Libro de Oro, entre ellos los de Salman Rushdie y Leonard Cohen, y frases a menudo conmovedoras. Gracias a donativos y adquisiciones la colección de libros y documentos de la casa no deja de crecer, pudiendo destacarse las cartas del poeta a su amiga Ana María Dalí, hermana del pintor, varios dibujos infantiles de Federico y el manuscrito de la versión argentina del *Retablillo de don Cristóbal*.

En el que fue granero de la vivienda, convertida en sala de exposiciones, se exhibe una selección de los fondos y se organizan de cuando en cuando muestras especiales (también en el Centro de Estudios Lorquianos, establecido en las antiguas escuelas colindantes y regido por el Patronato Federico García Lorca de la Diputación Provincial de Granada).

No dejes de examinar la estampa del Cristo del Paño de Moclín colgada en la escalera. Veremos el original del famoso lienzo milagrero más adelante cuando visitemos dicho pueblo, meta de la «romería de los cornudos» que inspiró el final de *Yerma*.

Es admirable lo que ha conseguido el Museo-Casa Natal con muy pocos medios. Ello se debe sobre todo al primer director, el escritor Juan de Loxa, hombre de exquisito tacto a la hora de velar por los intereses de la misma.

En 1902 o 1903 la familia se mudó a otra casa en la cercana calle de la Iglesia, número 2, esquina con la plaza, comprada por García Rodríguez en 1895 y hoy desaparecida. En *Mi pueblo* Lorca recuerda con nostalgia los juegos que dirigió de niño en sus pisos altos, entre aperos de labranza, sacos y frutas.

La iglesia, que se encuentra al fondo de la pequeña calle, merece una visita, aunque hay que señalar que la que describe Lorca en *Mi pueblo*, y donde le bautizaron Federico del Sagrado Corazón de Dios, fue considerablemente remodelada durante los años cincuenta del pasado siglo.

Vicenta Lorca, la madre, era católica sincera y el joven Federico la acompañaba a menudo a la iglesia, cuyas procesiones, fiestas y liturgia ejercieron una decisiva influencia sobre su desarrollo artístico. En *Mi pueblo* tiene un recuerdo para la pequeña torre del templo, «tan baja que no sobresale del caserío y cuando suenan las campanas parece que lo hacen desde el corazón de la tierra» (IV, 843). En el mismo texto rememora la imagen risueña de la Virgen del Amor Hermoso, situada detrás del altar mayor y «siempre riendo bobalicona con su corona de lata y sus estrellas de espejos» (IV, 864).

Las misas indujeron en el niño el empeño de decirlas él mismo en el patio de su casa. Pero solo hasta el día en que llegaron al pueblo unos titiriteros. A partir de entonces ocupó el lugar del altar un igualmente improvisado retablillo de muñecos. Poco tiempo después volvió Vicenta Lorca de Granada con un regalo muy especial para su hijo, comprado en La Estrella de Norte, la tienda de juguetes más reputada de la ciudad: un auténtico teatrito de títeres.

García Rodríguez era el primero de nueve hermanos y hermanas y, como resultado, Federico tendría más de cuarenta primos y primas en el pueblo. Con razón se refirió en una ocasión a su «larga familia» (III, 124). Su infancia transcurrió en medio del intenso cariño de una muchedumbre de parientes que, si bien de poca preparación escolar formal, eran muy dotados para la música y la poesía tradicionales, aptitudes heredadas por el niño en la masa de la sangre.

Se han conservado numerosas anécdotas de aquella infancia del futuro poeta en «La Fuente», como se suele conocer el pueblo en la Vega. Solo traigo a colación una. Algo mayor que él, Mercedes Delgado García, hija de la tía Matilde y apodada por su belleza «La Guapada», era una de sus primas predilectas. Recordaba años después, hablando con la escritora granadina Eulalia-Dolores de la Higuera, que el pequeño Federico era muy miedoso: «Cuando llegaba a mi casa, que no tenía más que cruzar la calle, se quedaba en la puerta sin querer pasar. "Pero pasa, Federico, lucero, pasa", le decíamos, y contestaba, aún sin levantar un palmo del suelo: "No, no voy a pasar, porque le temo mucho al peligro." ¡Lo que nos reíamos de sus cosas! El "peligro" era el escaloncillo que hay a la entrada de las casas de pueblo"» (p. 187).

El 14 de septiembre, fiesta local en Fuente Vaqueros, se saca en procesión la imagen del patrón, el Cristo de la Victoria (así llamado por su asociación con la derrota de las tropas de Napoleón). Es un Jesús crucificado, de autor desconocido, con expresión profundamente acongojada y, en el costado derecho, una honda herida sangrante (la lanzada). Según afirmaba María García Palacios, otra prima de Federico, la pequeña composición «Saeta», de *Poema del cante jondo*, es un homenaje al patrón:

Cristo moreno
pasa
de lirio de Judea
a clavel de España.

¡Miradlo por dónde viene!

De España.
Cielo limpio y oscuro,
tierra tostada,
y cauces donde corre
muy lenta el agua.
Cristo moreno,
con las guedejas quemadas,
los pómulos salientes
y las pupilas blancas.

¡Miradlo por dónde va!   (I, 319)

Hay otra efemérides de Fuente Vaqueros que no podemos olvidar: la que se celebra desde el inicio de la democracia cada 5 de junio («el 5 a las cinco»), día del nacimiento del poeta. En tal fecha se suele vincular el pueblo, con todos los honores, a algún amigo de Lorca, dando su nombre a una calle. Así han sido distinguidos, entre otros, los poetas Jorge Guillén, Rafael Alberti, Pablo Neruda y Nicolás Guillén, el pintor Manuel Ángeles Ortiz y el cineasta Luis Buñuel.

Tras la mudanza de la familia, primero al cercano pueblo de Asquerosa (hoy, Valderrubio), hacia 1907, y luego, en 1909, a Granada, Lorca nunca volvería a vivir en Fuente Vaqueros. La influencia de aquellos primeros años sobre su sensibilidad, sobre su manera de sentir el mundo, había sido, de todas maneras, definitiva. Ello se desprende no solo de la totalidad de su obra sino de sus declaraciones a la prensa y del discurso que aquí pronunció en septiembre de 1931. La República se había proclamado pocos meses antes, y el Ayuntamiento, de signo socialista, quería honrar a su poeta en un acto celebrado en la plaza y coincidiendo con la inauguración de

una biblioteca pública. Dieron su nombre a la calle donde había jugado de niño y leyó un discurso sobre la importancia de los libros. Empezó, cómo no, elogiando su
lugar natal:

> Tengo un deber de gratitud con este hermoso
> pueblo donde nací y donde transcurrió mi dichosa
> niñez por el inmerecido homenaje de que he sido ob-
> jeto al dar mi nombre a la antigua calle de la Iglesia.
> Todos podéis creer que os lo agradezco de corazón, y
> que yo cuando en Madrid o en otro sitio me pregun-
> tan el lugar de mi nacimiento, en encuestas periodísti-
> cas o en cualquier parte, digo que nací en Fuente Va-
> queros para que la gloria o la fama que haya de caer
> en mí caiga también sobre este simpatiquísimo, sobre
> este modernísimo, sobre este jugoso y liberal pueblo
> de La Fuente. Y sabed todos que yo inmediatamente
> hago su elogio como poeta y como hijo de él, porque
> en toda la Vega de Granada, y no es pasión, no hay
> otro más hermoso, ni más rico, ni con más capacidad
> emotiva que este pueblecito. No quiero ofender a
> ninguno de los bellos pueblos de la Vega de Granada,
> pero yo tengo ojos en la cara y la suficiente inteligen-
> cia para decir el elogio de mi pueblo natal.   (III, 201)

En seguida pasó a ensalzar el agua del lugar, aludida
en su nombre y tan abundante. Y es un hecho que, además de sus dos ríos, el Genil y el Cubillas, el pueblo y sus
alrededores almacenan debajo una enorme cantidad de
ella, para llegar a la cual apenas hace falta hincar un tubo
en el suelo (en su libro sobre su hermano, Francisco
García Lorca recuerda la humedad de Fuente Vaqueros
durante su niñez). Y continuó el poeta:

Está edificado sobre el agua. Por todas partes cantan las acequias y crecen los altos chopos donde el viento hace sonar sus músicas suaves en el verano. En su corazón tiene una fuente que mana sin cesar y por encima de sus tejados asoman las montañas azules de la Vega, pero lejanas, apartadas, como si no quisieran que sus rocas llegaran aquí donde una tierra muelle y riquísima hace florecer toda clase de frutos.   (III, 201-202)

También tuvo palabras de encomio para los habitantes del lugar: muchachos garbosos, «con el sombrero echado hacia atrás, dando manotazos y ágil en la conversación y en la elegancia», y mozas reconocibles entre mil «por su sentido de la gracia, por su viveza, por su afán de elegancia y superación». Los piropos eran quizás un poco exagerados, como incumbía en tal ocasión.

Piropo también hubo para Vicenta Lorca: «Mi madre, como todos sabéis, ha enseñado a mucha gente de este pueblo, porque vino aquí para enseñar, y yo recuerdo de niño haberla oído leer en alta voz para ser escuchada por muchos.» Y siguió: «Mis abuelos sirvieron a este pueblo con verdadero espíritu y hasta muchas de las músicas y canciones que habéis cantado han sido compuestas por algún viejo poeta de mi familia» (III, 211). El «viejo poeta» era Baldomero García Rodríguez, muerto en 1911, hasta cierto punto «oveja negra» del clan García, juglar improvisador de coplas picantes, bohemio y autor de *Siemprevivas. Pequeña colección de poesías religiosas y morales,* editada en Granada en 1882.[1]

1. Gibson, *Federico García Lorca*, pp. 20-23.

Lorca terminó expresando su seguridad de que Fuente Vaqueros, «que siempre ha sido un pueblo de imaginación viva y de alma clara y risueña como el agua que fluye de su fuente», sacaría mucho jugo de su flamante biblioteca (III, 213).

Lo que acaso no intuía era que la democracia republicana, nada más nacer, ya tenía los días contados.

Antes de cerrar este apartado me siento obligado a citar dos entrevistas en las cuales habló de sus años vegueros. La primera procede de la publicada en el diario *Crítica*, de Buenos Aires, en marzo de 1934. En ella explicó que su infancia era algo presente, palpitante, permanente, y que las emociones de su niñez estaban todavía en él, que no había salido de ellas. Es decir, que Fuente Vaqueros y el campo circundante —que incluía el cortijo de Daimuz, que luego veremos—, seguían siendo para él una realidad casi tangible:

> Amo a la tierra. Me siento ligado a ella en todas mis emociones. Mis más lejanos recuerdos de niño tienen sabor de tierra. La tierra, el campo, han hecho grandes cosas en mi vida. Los bichos de la tierra, los animales, las gentes campesinas, tienen sugestiones que llegan a muy pocos. Yo las capto ahora con el mismo espíritu de mis años infantiles. De lo contrario, no hubiera podido escribir *Bodas de Sangre*.   (III, 526)

El año siguiente, ya de regreso a España después de su triunfal estancia en Argentina, volvió a hablar de su niñez:

> Amo en todo la sencillez. Este modo de ser sencillo lo aprendí en mi infancia, allá en el pueblo. Por-

que yo no nací en Granada, sino en un pueblo llamado Fuente Vaqueros.   (III, 555)

Creo que no hace falta añadir nada más.

La Vega de Zujaira y Valderrubio (antes Asquerosa)

Desde la plaza de Fuente Vaqueros salimos hacia Valderrubio por una larga y rectilínea avenida bordeada de
plátanos y algún vetusto olmo. A ambos lados sigue habiendo los característicos secaderos de tabaco (y maíz).

El camino del cementerio arranca a medio kilómetro,
a mano derecha (no está señalizado, habrá que preguntar
a un vecino). Si hay tiempo merece una visita. Aquí yacen
muchos familiares del poeta así como su querido «compadre pastor», Salvador Cobos Rueda, muerto en 1905, a
quien atribuye en *Mi pueblo* su amor a la Naturaleza.

Otro medio kilómetro más adelante, a mano izquierda, está la Casa Real, mencionada antes de pasada. El edificio fue restaurado varias veces durante los siglos XVII,
XVIII y XIX y hoy pertenece a un particular. Aquí Richard
Ford pasó unos días en 1831 con el agente del duque de
Wellington, el general O'Lawlor, dejando para la posteridad algunos delicados dibujos a lápiz del lugar. O'Lawlor,
como Richard Wall, era de extracción irlandesa. Había
sido edecán de Wellington durante la campaña peninsu-
lar, era leal servidor del duque y, terminada la contienda,
compaginaba su puesto como agente suyo en el Soto de
Roma con el de Capitán General de Granada. Hizo mucho por el Soto, como Wall, pero veinticinco años después todo había caído, otra vez, en abandono.

En 1858 visitó la finca Horace Hammick, apoderado del duque, y encontró a muchos habitantes de Fuente Vaqueros sumidos en la miseria. Sus terrenos estaban inundados —era habitual que en otoño e invierno se desbordaran el Genil y el Cubillas—, no se podía trabajar las tierras y mucha gente se moría de fiebre. En cuanto a la Casa Real, los gitanos que la ocupaban casi la habían destruido. Todo ello lo describió en un libro cuya edición original de 1885 es hoy inencontrable en el mercado de ocasión, aunque, eso sí, hay una reimpresión reciente.

Poco después de la Casa Real llegamos a las espesas choperas que pueblan las orillas del Cubillas, que se junta no lejos con el Genil. Estamos en uno de los sitios mágicos de la infancia de Lorca y vale la pena pasearse entre los árboles, al azar, y empaparse de un ambiente que ha cambiado poco desde principios del siglo XX.

Al cruzar el Cubillas y salir de las choperas —y del Soto de Roma— se extiende ante nuestra vista a ambos lados de la carretera una ancha llanura cultivada. Todos los terrenos a la izquierda, con Valderrubio al fondo, pertenecían al padre del poeta. A la derecha está la Vega de Zujaira (conocida así por el pueblo de este nombre, de evidente raíz árabe), donde sigue irguiéndose la chimenea que pertenecía a la Azucarera de San Pascual, de la cual García Rodríguez era uno de los accionistas principales.

Lorca encabezó varios de sus poemas juveniles con la indicación «Vega de Zujaira», para obviar, según su mencionada prima Mercedes Delgado García, el nombre malsonante de Asquerosa, «que le daba coraje» (Higuera, p. 187). No aparece, efectivamente, en ninguno de sus escritos publicados, aunque sí en muchos manuscritos.

Si nos aventuramos por el camino que conduce hacia la chimenea llegamos en unos minutos, rebasándola, al puente sobre el ferrocarril. A unos trescientos metros más allá, mirando hacia Granada, se encontraba el apeadero de San Pascual, que el poeta daba como su dirección postal cuando estaba en Asquerosa. Fue arrasada sin contemplaciones durante las obras del AVE. ¡Qué pena! Al otro lado del ferrocarril está el mencionado pueblo de Zujaira.

Volviendo a la carretera general torcemos a la derecha, en dirección a Valderrubio. Unos metros más adelante, a mano izquierda, hay un pequeño camino. Hace algunos años una señal, que ha desaparecido, indicaba «Fuente de la Teja. Lugar de Lorca, 750 metros». En mi última visita solo se podía ver lo que quedaba de los escalones que conducían hacia abajo al Cubillas. Se oía dentro, eso sí, el gluglú del manantial —que brota en la misma orilla del río— y, de repente, sonó el croar de una sorprendida gallina de agua. Tengo entendido que el Ayuntamiento de Valderrubio va a intervenir, espero que respetando al máximo el carácter bucólico del paraje.

Aquí venía Lorca a menudo, solo o acompañado de amigos, durante los veranos pasados en su segundo pueblo. Ningún sitio mejor para leer o releer las composiciones de *Libro de poemas* adscritas a la «Vega de Zujaira» y, sobre todo, las *Suites*, que le deben mucho. En «Corriente lenta», una de las pequeñas composiciones de dicho ciclo, se indica, bajo el título, *«En el Cubillas».* El poema dice:

> *Por el río se van mis ojos,*
> *por el río...*

> *Por el río se va mi amor,*
> *por el río...*

(Mi corazón va contando
las horas que está dormido.)

El río trae hojas secas,
el río...

El río es claro y profundo,
el río...

(Mi corazón me pregunta
si puede cambiar de sitio.)   (I, 293-294)

Una prosa de *Suites*, *Meditaciones y alegorías del agua*, alude al mismo lugar, que en plena canícula brinda un delicioso refugio:

> Hace muchos años yo, sonador modesto y muchacho alegre, paso todos los veranos en la fresca orilla de un río. Por las tardes, cuando los admirables abejarucos cantan presintiendo el viento y la cigarra frota con rabia sus dos laminillas de oro, me siento junto a la viva hondura del remanso y echo a volar mis propios ojos que posan asustados sobre el agua, o en las redondas copas de los álamos.
> Bajo las mimbres picadas, y junto a la lengua del agua,[2] yo siento cómo toda la tarde abierta hunde mansamente con su peso la verde lámina del remanso [y] cómo las ráfagas de silencio ponen frío el asombrado cristal de mis ojos.   (I, 294)

---

2. En su conferencia sobre Góngora, como señalamos en nuestra Introducción, Lorca declara haber oído a un labrador de Granada decir: «A los mimbres les gusta estar siempre en la *lengua* del río» (III, 1307).

Un poco antes de la Fuente de la Teja manaba otra, la de la Carrura, con más caudal y hoy desaparecida (aunque en el lugar, donde había un prado, todavía crecen los juncos). En su libro *Recuerdos míos*, Isabel García Lorca dice que Federico solía sentarse aquí mientras ella y su hermana Concha se bañaban en el río (p. 56). Según algunos vecinos de Valderrubio las mujeres la utilizaban para lavar la ropa, con el chismorreo, las risas y las canciones correspondientes. La escena de las lavanderas en *Yerma* está casi seguramente en deuda con el paraje.

En *Libro de poemas* y *Suites* aparecen con frecuencia los amados chopos (o álamos) del joven poeta, a los cuales también se refiere en numerosas cartas a sus amigos. Así, en 1921, escribiendo a Melchor Fernández Almagro, expresa su alegría al encontrarse otra vez en el pueblo, desde donde las lejanas calles de Madrid se le antojan poco menos que infernales:

> Cuando llegué no puedes figurarte la alegría tan grande que me causó ver la Vega temblorosa bajo un delirio de neblina azul... y sentía (puedes creerlo) verdadero horror al acordarme de cosas tan terribles como *Calle Arenal, Pardiñas*.
>
> Creo que mi sitio está entre estos chopos musicales y estos ríos líricos que son un remanso continuado, porque mi corazón descansa de una manera definitiva y me burlo de mis pasiones que en la torre de la ciudad me acosan como un rebaño de panteras.
>
> Asquerosa es uno de los pueblos más lindos de la Vega por lo blanco y por la serenidad de sus habitantes. (*EC*, p. 119)

El pintor manchego Gregorio Prieto recibe parecidas confidencias: «Desde esta magnífica Vega granadina te envío un abrazo y mi más sincero recuerdo. Estoy rodeado de chopos, de ríos y de cielo claro y transparente. Empiezo a trabajar» (*EC*, p. 232).

¡Qué lunas presiden las noches estivales de la Vega en estos días en que, como dice en otra carta, ahora a Jorge Guillén, «Andalucía arde por los cuatro costados de su cuerpo»! (*EC*, p. 353). «Días pasados salió una luna verdi-morada sobre la neblina azul de Sierra Nevada —le cuenta al musicólogo Adolfo Salázar en agosto de 1921— y enfrente de mi puerta una mujer cantaba una «berceuse» que era como una serpentina de oro que enmarañaba todo el paisaje» (*EC*, p. 123). Y ahí están las «Canciones de luna» (*Canciones*), cuyo primer poema, «La luna asoma», habría que leer aquí, en la Vega profunda, en presencia del astro nocturno:

> *Cuando sale la luna*
> *se pierden las campanas*
> *y aparecen las sendas*
> *impenetrables.*
>
> *Cuando sale la luna,*
> *el mar cubre la tierra*
> *y el corazón se siente*
> *isla en el infinito.*
>
> *Nadie come naranjas*
> *bajo la luna llena.*
> *Es preciso comer*
> *fruta verde y helada.*

Cuando sale la luna
de cien rostros iguales,
la moneda de plata
solloza en el bolsillo.   (I, 385)

Antes de penetrar en Valderrubio, comentemos brevemente el desafortunado nombre anterior del pueblo, Asquerosa. Desde luego no tenía nada que ver, en su origen, con el adjetivo homónimo y poco halagador. El lugar es de fundación muchísimo más antigua que Fuente Vaqueros, registrándose su nombre, con vacilante ortografía, en varios textos arábigo-granadinos y remontándose por lo menos a tiempos romanos. Lo más probable es que el punto de arranque del topónimo sea el latín *aqua*, «agua», y que significaba o bien «acuerosa», rebosante de agua, o «aguarrosa», agua dulce. Otra derivación comúnmente propuesta es «Arquerosa», «abundante en arqueros», lo cual podría llevar a la conclusión de que hubiera habido aquí un campamento de arqueros. El hecho de haberse encontrado en el pueblo unas tumbas romanas quizás apoye tal hipótesis.

Lorca, al parecer, era de quienes proponían esta última «solución» al problema etimólogico. «Estoy en Arquerosa (le hemos variado el nombre)», escribe a Melchor Fernández Almagro en 1922 (*EC*, p. 152). El año anterior, en una de sus «suites» inéditas, *Ferias*, lo había escrito así, con erre en vez de ese.

Añadiré que hay una graciosa alusión a tan debatida cuestión en una carta de Manuel de Falla al poeta, de 1923, conservada en la Fundación Federico García Lorca: «Ambos —el músico alude a su hermana María del Carmen— recordamos frecuentemente las magníficas horas pasadas en Ask-el-Rosa.» ¡Estupendo eufemismo pseudoárabe!

Nada más entrar en el pueblo nos encontramos ante la iglesia. En ella se confirmó Federico en 1907. En su fachada hay una placa que conmemora la ceremonia, religiosa y civil, celebrada aquí el 15 de agosto de 1943, cuando se cambió el nombre del lugar al de Valderrubio, con las bendiciones archiepiscopales de rigor. La placa no mienta para nada el nombre anterior del pueblo. En cuanto a la nueva designación, aludía a las plantaciones de tabaco rubio que proliferaban en la zona (hoy ya no tanto como antes).

Cuando la familia García Lorca se trasladó a Asquerosa desde Fuente Vaqueros se estableció, y por poco tiempo, en la calle Ancha, hoy calle Real, a la cual llegamos dando la vuelta a la iglesia. Su vivienda era la primera después del templo. Justo enfrente, en un rincón, está la que fue casa de Frasquita Alba Sierra, prototipo de la Bernarda Alba lorquiana. En ella siguieron viviendo sus descendientes, que nunca perdonaron al poeta el haber utilizado su nombre en la obra de teatro y negaban el acceso a cualquier curioso. Últimamente ha sido comprada por el Consorcio de la Vega Sierra Elvira y es posible que, para cuando salga este libro, ya se haya abierto al público.

Frasquita Alba nació en 1858, se casó en no sabemos qué fecha con José Jiménez López y dio a luz a un hijo y a dos hijas. Al morirse su marido se casó otra vez, en 1893, con Alejandro Rodríguez Capilla, con quien tuvo tres hijas y un hijo. Mujer de fuerte personalidad, aunque al parecer no tan tiránica como su trasunto lorquiano, murió el 22 de julio de 1924 y su segundo marido al año siguiente. Por ello, la reciente viudedad de Bernarda Alba —*sine qua non* del drama de Lorca— es licencia del poeta. También la composición exclusivamente femenina de su familia.

Pared por pared con la casa vivía la prima Mercedes Delgado García, cuya familia, como la de Federico, se había trasladado a Asquerosa y estaba domiciliada justo en frente de ellos (Higuera, p. 185). Los Delgado compartían con sus vecinos Alba un pozo «medianero» de agua fresca, circunstancia que permitía oír todo lo que se decía al otro lado. Así se enteraban los Delgado —y Federico— del imperio que ejercía sobre su familia Frasquita Alba y de otros pormenores de la vida que se llevaba en aquel hogar.

En *La casa de Bernarda Alba* hay otros detalles auténticos procedentes de la vida de Asquerosa y apenas disfrazados. Ya se mencionó que Pepe el romano existía realmente. Se llamaba José Benavides Peña. Lorca da el nombre de Antonio María Benavides al recien difunto marido de Bernarda y pone en boca de la criada la acusación de que le solía levantar las enaguas detrás de la puerta del corral (II, 587). Frasquita Alba nunca estuvo casada con una persona de este apellido, como hemos visto, pero Pepe el romano tenía un primo hermano, Antonio Benavides Benavides, que como él procedía de Romilla y estaba casado con Emilia García Palacios, hermana de la primera mujer del padre del poeta. Había habido pleitos entre este y ella por la herencia de la finada. También los había tenido y tenía García Rodríguez con otros familiares de Asquerosa. Era un ambiente bastante envenenado de odios y rivalidades que han sido investigados a fondo por Miguel Caballero y Pilar Góngora. Parece indudable que la noticia de que *La casa de Bernarda Alba* se metía en tales terrenos obró muy en contra de Lorca una vez en marcha la sublevación. Es más: Antonio Benavides Benavides sería uno de sus ejecutores materiales, aunque quizá más por casualidad que por intención explícita.[3]

La obra refleja otros aspectos del pueblo. La Poncia, por ejemplo, existió realmente, aunque no servía en la casa de Frasquita Alba y también eran vecinos Enrique Humanes y Maximiliano (mencionados solo de pasada). La desquiciada María Josefa no era, en realidad, abuela de Frasquita Alba, sino de unas lejanas parientas de los García Lorca a quienes Federico y su hermano visitaban de niños. En cuanto a la escena del traje verde de Adela, se trataba de otra prima favorita de Lorca, Clotilde García Picossi, que frustrada en su deseo de lucir el bonito vestido, debido a la muerte de una abuela (los lutos eran entonces estrictos y largos, así como queda reflejado en la obra), se lo puso y exhibió ante las gallinas del corral de su casa. ¡Que ellas por lo menos pudiesen apreciar la belleza de la prenda! Así me lo contó muriéndose de risa.

En la persona de la protagonista de la obra Lorca expresó el espíritu caciquil que imperaba entre muchos de los terratenientes de esta comarca (y de los cuales su padre era una excepción por sus ideas liberales). Prueba de cómo era apreciado García Rodríguez en el pueblo es el hecho de que, en tiempos de la República, se le dedicó la calle en la cual había construido viviendas para la gente que trabajaba sus tierras. Calle de Don Federico se llamaba... y hoy, otra vez, se sigue llamando.

Al poco tiempo de llegar al pueblo los García Lorca se mudaron a la adyacente calle de la Iglesia, número 20,

---

3. Miguel Caballero, *Las trece últimas horas en la vida de García Lorca*, pp. 180-189.

amplia casa de labor comprada por el padre en 1895, hoy Casa-Museo del poeta (fue vendida por la familia al Ayuntamiento en 1986). Entre otros elementos de interés se exponen mosaicos y monedas romanos encontrados en la finca de Daimuz.

El espacioso patio detrás de la casa está muy cambiado, y los vecinos me han asegurado que, antes de la guerra, tenía árboles, arbustos y flores. Creo no equivocarme al sospechar que, en el espléndido poema «1910 (*Intermedio*)», de *Poeta en Nueva York,* los «pequeños ojos» de Lorca están viendo esta casa con su «jardín donde los gatos se comían a las ratas» y al fondo de la cual, en el establo, siempre había, según los mismos vecinos, varios toros que servían para tirar del arado. Ello puede explicar, entre los recuerdos de la vivienda contenidos en el poema, la referencia al «hocico» de dicho animal (I, 512).

En *Doña Rosita la soltera* Lorca ha recogido algunas frases de la gente de Asquerosa. Cuando la prima Mercedes Delgado García vio la obra, reconoció en seguida, según le dijo a Eulalia-Dolores de la Higuera (p. 189), giros y dichos del pueblo, puestos por el poeta en boca del Ama: «una mujer que es la flor de la manteca», «Nos encontramos el rejalgar por los rincones», «se le han engaribitado las piernas», «¿Y no hay gábilos para hacerlo polvo?» (II, 547, 551, 565, 567 respectivamente).

Creo que algunos estudiosos del poeta hemos sido un poco injustos con Asquerosa, olvidando que, si en el pueblo solo pasó el joven Lorca dos o tres años antes de que su familia se trasladara definitivamente a Granada, la maravillosa finca de Daimuz, donde transcurrió parte de su infancia, está dentro de este municipio, no del Soto de

Roma. Luego veremos Daimuz. También hay que tener en cuenta que volvió a Asquerosa con su familia casi cada verano entre 1910 y 1925 (cuando García Rodríguez compró la Huerta de San Vicente). «Yo no te puedo decir lo enorme que es esta Vega y este pueblecito blanco entre las choperas oscuras —escribió a Adolfo Salázar en agosto de 1921—. Por las noches nos duele la carne de tanto lucero y nos emborrachamos de brisa y de agua. Dudo que en la India haya noches tan cargadas de olor y tan delirantes» (*EC*, p. 123). «Asquerosa es uno de los pueblos más lindos de la Vega —le escribe a Fernández Almagro el mismo año— por lo blanco y por la serenidad de sus habitantes» (*EC*, p. 119).

Modificó luego su punto de vista. Para mediados de la década de los veinte era consciente de que no todo el mundo en el pueblo le apreciaba ni mucho menos. Una referencia en una carta quizá del verano de 1925 a su hermano, entonces en París, lo da a entender así: «La temporada de campo pasa lenta y aburridísima para mí. Yo estoy cansado de esto. En realidad Asquerosa no es el campo. Está todo lleno de etiqueta estúpida, hay que saludar a las gentes y decir buenas noches. No se puede salir en pijama porque lo apedrean a uno y está todo lleno de malicias torpes y mala intención. En el campo se busca la inocencia. Yo achaco todo esto a que aquí no hay vacas ni pastoreo de ninguna clase» (*EC*, p. 355). Según mis indagaciones las familias de derechas del pueblo, y había muchas, comentaban con sorna la homosexualidad del poeta y, no lo dudo, su identificación con el programa cultural de la República. No cuesta mucho trabajo imaginar el ambiente, con la fama creciente del poeta y dramaturgo y la envidia hacia el padre por su riqueza y su esmero en los negocios. Por lo de *La casa de*

Bernarda Alba, entre quienes, en Asquerosa, se enteraron de su contenido estaba Horacio Roldán, pariente a vez de los Alba y de Federico. Roldán estuvo entre los matones que hicieron un registro violento en la Huerta de San Vicente. Para todo ello hay que consultar las investigaciones de Miguel Caballero relacionadas en nuestra bibliografía.

Daimuz y «el primer asombro artístico»

Al final de la calle de la Iglesia enfilamos la carretera del pueblo de Láchar para visitar la finca de Daimuz, comprada por Federico García Rodríguez en 1895 y que, plantada de remolacha de azúcar, formó la base de su fortuna.

A poco más de un kilómetro la carretera da un giro de noventa grados a la izquierda y unos segundos después tuerce a la derecha. Donde empieza la curva sale un carril. A la izquierda del mismo hay una casita blanca con un ciprés y cuatro plátanos delante.

Al fondo se yergue en todo su esplendor Sierra Nevada. La vista es asombrosa. Seguimos por el carril unos trescientos metros y llegamos a una casa espaciosa. Estamos en Daimuz.

Hoy la finca no tiene la extensión que tenía en tiempos de la infancia de Lorca, pues se ha vendido y dividido varias veces desde entonces. En cuanto a la casa se ha modificado algo, a raíz de un incendio, pero la de García Rodríguez sería muy parecida, tal vez casi idéntica.

Daimuz tiene una historia fascinante. El nombre significa en árabe, según Luis Seco de Lucena, «Alquería de la Cueva» (pp. 4-5, 35). Asín Palacios añade, como otras

posibles lecturas, «rincón» y «cisterna» (p. 43). Estas tierras pertenecieron, a partir de la Reconquista, a un almirante de la Marina de los Reyes Católicos. Luego, durante siglos, estuvieron en manos de una familia aristocrática
granadina. «Los primeros recuerdos de mi vida son de
Daimuz —escribe Francisco García Lorca en su libro sobre su hermano—, así como la primera imagen que guar-
do de mí mismo, de Federico y de mis padres» (p. 16). Es
un testimonio que recuerdo cada vez que vengo aquí. A
los dos hermanos les divertía escudriñar los títulos de
propiedad de la finca y ver cómo iban cambiando los
nombres de pila de los titulares: doña Sol, doña Elvira,
don Lope, doña Mencía. Los documentos más antiguos,
según Francisco, estaban en letra árabe (p. 60).

Pero la finca tenía una historia aún más antigua. En
una entrevista de 1934, pensando sin lugar a dudas en
Daimuz, contó Lorca lo siguiente:

> Fue por el año 1906. Mi tierra, tierra de agriculto-
> res, había sido siempre arada por los viejos arados de
> madera, que apenas arañaban la superficie. Y en aquel
> año, algunos labradores adquirieron los nuevos ara-
> dos Bravant —el nombre me ha quedado para siem-
> pre en el recuerdo—, que habían sido premiados por
> su eficacia en la Exposición de París del año 1900. Yo,
> niño curioso, seguía por todo el campo al vigoroso
> arado de mi casa. Me gustaba ver cómo la enorme
> púa de acero abría un tajo en la tierra, tajo del que
> brotaban raíces en lugar de sangre. Una vez el arado
> se detuvo. Había tropezado en algo consistente. Un
> segundo más tarde, la hoja brillante de acero sacaba
> de la tierra un mosaico romano. Tenía una inscrip-
> ción que ahora no recuerdo, aunque no sé por qué

acude a mi memoria el nombre de los pastores, de Dafnis y Cloe.

Ese mi primer asombro artístico está unido a la tierra. Los nombres de Dafnis y Cloe tienen también sabor a tierra y a amor. (III, 526-527)

¿Ocurrió realmente aquella escena? Francisco García Lorca lo dudaba, alegando que, si en el cercano cortijo de Daragoleja se habían encontrado restos romanos, en Daimuz no se sabía de ninguno (p. 35). Pero la memoria del poeta no le traicionaba, ni se trataba de una fabulación. No muchos años después de su muerte se descubrió la presencia, bajo las fértiles tierras de Daimuz, de una villa romana, aún hoy sin excavar. Por los alrededores se han encontrado (con detectores de metal) una gran cantidad de monedas romanas, casi todas ellas de la época de Constantino (muchas representan la loba romana dándoles de mamar a Rómulo y a Remo). También han aparecido mosaicos, algunos de ellos hoy en la Casa-Museo del poeta en Valderrubio. Además ha sido descubierta una preciosa estatuilla en bronce de la diosa Minerva, de ocho centímetros de altura, conservada en el Museo Arqueológico de Granada.[4] Parece cierto, pues, que, al contar aquel «primer asombro artístico» el poeta describía una experiencia real, además de hondamente reveladora. ¡En la propia finca de su familia habían vivido labradores romanos! Y, después —también lo sabría— generaciones de musulmanes granadinos. Imposible no relacionar el incidente, narrado de manera tan sencilla, con la Andalucía del *Romancero gitano*, Anda-

4. Se reproduce en el catálogo *Los bronces romanos en España*, Madrid, Ministerio de Cultura, 1990, núm. 153.

lucía mítica de complicada alma romana, cristiana, judía, tartesa, mora y gitana.

Vicenta Lorca gustaba de leer en voz alta —y según Federico lo hacía admirablemente— para la gente de Fuente Vaqueros, en su mayoría analfabeta. El poeta le relató en una carta a su amigo Carlos Martínez Barbeito en 1932 que uno de los recuerdos «más tiernos» de su infancia era la lectura por su madre de *Hernani*, en «la gran cocina del cortijo de Daimuz», para «gañanes, criados y la familia del administrador» (*EC*, p. 735). La experiencia ya había quedado reflejada en el fragmento, titulado «Realidad», de una *suite*:

> *Mi madre leía*
> *un drama de Hugo.*
> *Los troncos ardían.*
> *En la negra sala*
> *Doña Sol moría*
> *como un cisne rubio*
> *de melancolía...* (I, 713-714)

Se trata de la muerte de Doña Sol y su amante al final del famoso drama. «Aquel grito de "Doña Sol, doña Sol...", que se oye en el último acto, ha ejercido indudable influencia en mi aspecto actual de autor dramático», añadió Lorca en la carta mencionada (*EC*, p. 736).

Enternece pensar que en esta bellísima finca, con su trasfondo de Sierra Nevada, las densas choperas que la bordean y sus reminiscencias históricas, el niño que iba a ser poeta empezó, gracias a su madre, a amar la literatura. No por nada, pues, la recordó con nostalgia durante su breve estancia a orillas del Lago Eden de Vermont en agosto de 1929, invitado por su amigo Philip Cummings.

«Ahora empiezan a encender las luces —escribió a su familia—. Hay un ambiente que me recuerda mi niñez en Daimuz. En el lago no canta ni una rana. El silencio es perfecto» (*EC*, p. 642).

Esperemos que Daimuz se salve de la destrucción, que se investiguen sus restos arqueológicos y que se conserve intacta para el disfrute de posteriores generaciones.

De Valderrubio a Moclín, con «la romería de los Cornudos» al fondo

Volviendo a Valderrubio tiramos por la carretera de Pinos Puente y de Íllora, que sale por el otro extremo del pueblo. A un kilómetro y medio, justo después del puente sobre el ferrocarril, se encuentra, a nuestra izquierda, el cementerio. Su interés para nosotros reside principalmente en que están enterrados aquí Frasquita Alba y su segundo marido, además de otros miembros de la familia. Las tumbas se hallan en la parte trasera del camposanto, a mano derecha del camino central.

Desde la entrada al recinto se aprecia que nos encontramos en una zona de la comarca donde las colinas tapizadas de olivos —y en verano trigo— van bajando suavemente a la planicie de la Vega, con la cual forman un bello y marcado contraste. En las *Meditaciones y alegorías del agua*, ya citadas, vemos hasta qué punto era sensible el poeta a esta transición de lo amarillo u ocre a lo verde, de lo árido a lo húmedo:

Yo volvía del secano. En lo hondo estaba la vega envuelta en su temblor azul. Por el aire yacente de la noche estival flotaban las temblorosas cintas de los grillos.

La música del secano tiene un marcado sabor amarillo.

Ahora comprendo cómo las cigarras son de oro auténtico y cómo un cantar puede hacerse ceniza entre los olivares.

Los muertos que viven en estos cementerios, tan lejos de todo el mundo, deben ponerse amarillos como los árboles en Noviembre.

Ya cerca de la vega parece que penetramos en una pecera verde, el aire es un mar de ondas azules, un mar hecho para la luna, y las ranas tocan sus múltiples flautas de caña seca.

Bajando del secano a la vega se tiene que cruzar un misterioso vado que pocas personas perciben: el Vado de los Sonidos. Es una frontera natural donde un silencio extraño quiere apagar dos músicas contrarias. Si tuviéramos la retina espiritual bien constituida podríamos apreciar cómo un hombre que baja teñido por el oro del secano se ponía verde al entrar en la vega, después de haber desaparecido en la turbia corriente musical de la divisoria...   (I, 295)

Solo Lorca, a la vez poeta, músico, artista y dramaturgo pudo haber percibido con tal acuidad aquella línea divisoria entre lo amarillo y lo verde, aquel «Vado de los Sonidos». Y haberlo expresado con tanta gracia.

Unos minutos después llegamos a la carretera que, a la izquierda, lleva a Íllora (donde los descendientes de Wellington siguen teniendo una espaciosa propiedad) y, a la derecha, a Pinos Puente.

Al otro lado de la carretera, unos cien metros más arriba entre los olivos de una finca conocida como «El Cortijo Colorao», se encontraba todavía, durante la ju-

ventud de Lorca, una torre árabe, hoy desaparecida (según me han contado se parecía a la «Torre de Roma», que
vimos antes).[5] A ella se refiere en el poema «Madrigal de
verano» («Agosto de 1920. Vega de Zujaira»), inspirado
por una de las muchachas más guapas del contorno, de
nombre, según los vecinos de Valderrubio, Estrella Mal-
donado. El poema empieza:

> *Junta tu roja boca con la mía,*
> *¡Oh Estrella la gitana!*
> *Bajo el oro solar del mediodía*
> *Morderé la Manzana.*
>
> *En el verde olivar de la colina*
> *Hay una torre mora*
> *Del color de tu carne campesina*
> *Que sabe a miel y aurora ...*   (I, 96)

Entre feraces olivares seguimos ahora hacia Pinos
Puente, pasando pronto por tres pueblos que casi se han
fundido ya en uno: Zujaira (que vimos desde abajo en la
Vega), Los Álamos y Casa Nueva.

Llama la atención un peñasco desnudo que, en el borde
de la llanura, se eleva abruptamente entre colinas ondulantes que albergan hileras de olivos. El joven Lorca lo
recuerda en otro temprano poema, «Mediodía», elogio
de la Vega en pleno verano con los trigos ya cosechados
y bajo un sol abrasador que «canta la gloria del amor y de
la vida». Allí apunta, en versos alejandrinos muy moder-
nistas donde oímos la voz de su maestro Rubén Darío:

5. Testimonio, en octubre de 1988, del entonces alcalde de
Valderrubio, Rafael H. Guerrero.

Unas nubes macizas han vestido de nieve
A las sombras moradas del peñón de Zujaira.
El azul indeciso ha prendido sus velos
En la mole solemne de la Sierra Nevada.   (IV, 425)

Fue, seguramente, la primera vez —y cabe pensar la única— que a alguien se le haya ocurrido rimar Zujaira con Nevada.

Al alcanzar poco después la N-432, giramos a la derecha. A nuestra izquierda se levanta el Cerro de los Infantes, emplazamiento de un *oppidum* ibérico y luego romano, de nombre Ilurco, en sus tiempos importante pero del cual no se aprecian restos visibles. Cruzamos en seguida el río Velillos (afluente del Cubillas) y emprendemos a cien metros la carretera de Tiena, Moclín y Olivares.

Moclín, como hemos indicado, es el pueblo cuya romería —la famosa «romería de los cornudos»— inspiró en parte *Yerma*. Por ello se merece con creces una visita.

Se sitúa en las montañas a quince kilómetros de donde nos hallamos.

Da gusto ascender por este bello y fértil valle, por el cual baja presuroso el río Velillos. Después de Tiena el terreno sube rápidamente por la ladera de una impresionante montaña salpicada de almendros. Entramos luego en una zona de pinos y, al llegar a la cumbre de la montaña, veremos que se señala un mirador a la izquierda de la carretera. El panorama que se disfruta desde el mismo es esplendoroso: delante de nosotros Sierra Elvira, que nos impide ver el centro de la Vega pero no su franja oriental; magníficos olivares, que tachonan colinas y valles; en la distancia, si hace buen tiempo, Granada (con los gemelos se puede ver la Alhambra y la Torre de la Vela); y hacia el norte, si damos la vuelta al mirador, el pueblo de Moclín, nuestra meta, construido sobre un escarpado cerro, con su castillo y sus murallas.

Se comprende desde esta atalaya la importancia militar que tuvo Moclín en la guerra contra los musulmanes granadinos.

Su castillo fue capturado por los Reyes Católicos en 1486, después de varios intentos, y aquí, hasta la toma de Granada seis años después, pasaron los monarcas largas temporadas con su corte.

Entregada ya la ciudad quisieron testimoniar su afecto hacia Moclín, al que donaron un lienzo del Cristo de la Caída, de tamaño natural y con la cruz al hombro, que había servido de estandarte durante la campaña. Fue colgado en la iglesia que se había erigido dentro del recinto de la fortaleza árabe.

Durante el siglo XVI empezó el culto popular al lienzo, a consecuencia de una curación milagrosa efectuada, se decía, en la persona de un sacristán que padecía cataratas, mal que se conocía entonces como «la enfermedad del paño». Debido a tan insólito acontecimiento, el Cristo de Moclín recibió la denominación de Santo Cristo del Paño. Y, a finales del siglo XVII, fue reconocido su culto por el arzobispo de Granada, fijándose para el 5 de octubre la celebración anual de una fiesta en honor suyo, con misas y solemne procesión de la imagen por las estrechas y empinadas calles del pueblo.

Poco a poco la fiesta del milagrero Cristo del Paño se convirtió en célebre romería, y, aunque no se sabe por qué, al lienzo se le iba atribuyendo especial eficacia en materia de trastornos sexuales y matrimoniales, y, más específicamente, en casos de infecundidad femenina.

José Mora Guarnido, natural del cercano Pinos Puente, recuerda en su libro sobre el poeta la extraordinaria excitación que generaba cada año la romería. «¡Cabrón, cabrón!... ¡Apéala, cabrón!» gritaban las gentes de los pueblos de la Vega mientras pasaban por ellos los peregrinos. «¡Cabrón!... ¡Cabrón!... ¡Tanto tú como yo!» replicaban algunos de estos (pp. 31-32).

La romería fue prohibida por el franquismo. Hoy ha recobrado pujanza y cada 5 de octubre acude a Moclín una nutrida antología de víctimas del infortunio: mendigos, ciegos, paralíticos, tullidos, mutilados, enfermos mentales, mujeres aquejadas de infertilidad, personas que buscan en vano pareja... aunque la fiesta suscita menos frenesí dionisíaco que antes, cuando era famosa en toda Andalucía. «Por la noche —sigue Mora Guarnido— es cuando todo ese mundo se agita a la luz de los faroles de acetileno y de los candiles de aceite, entre los olivos, por las laderas de la montaña, donde han acampado todos en tiendas o tinglados improvisados. Se escuchan cantos, carcajadas, gritos de asombro o de júbilo, recorren las veredas improvisadas comparsas, se pierden en las sombras parejas frenéticas; todo ello con un ritmo pesado de bacanal sombría y una alegría falsa» (p. 33).

¿Estuvo Federico alguna vez en la romería? Según su hermana Isabel no podemos entretener dudas al respecto: «Yo no fui nunca. Mis hermanos, sí, pero en contra de la voluntad de mi padre, pues aquello era una verdadera bacanal» (p. 54). Marcelle Auclair, que frecuentaba al poeta en la época en que escribía *Yerma*, recoge un comentario suyo sobre el lienzo. Opinaba que la imagen del Cristo del Paño, ya muy retocada, cubría una anterior, netamente pagana: «Mirándola bien —decía— se puede advertir, bajo la capa fina que la cubre, los pies hendidos y vellosos de un fauno» (p. 323).

¡Quizá no se equivocaba, quién sabe! Lo cierto, de todas maneras, es que desde niño oiría en Fuente Vaqueros, y luego en Asquerosa, descripciones de la extraña romería que a principios de cada octubre se dirigía hacia Moclín. Francisco García Lorca recuerda, además, que en el dormitorio que compartía con Federico en el campo había una estampa del famoso lienzo del Cristo del Paño, sin duda parecido al hoy conservado en el Museo-Casa Natal de Fuente Vaqueros (p. 357).

Acerca del carácter faunístico del Cristo cada uno es libre de juzgar por sí mismo al entrar en la iglesia y contemplarlo. A mí me parece que Lorca tenía razón y que sus ojos tienen algo de siniestro, que dan la impresión de estar mirándonos fijamente y de seguir haciéndolo cuando cambiamos de sitio (como los del papa Inocencio X en el retrato de Velázquez). ¿O me lo estoy imaginando?

En Madrid habló de la romería de Moclín con sus amigos, entre ellos Cipriano Rivas Cherif y el músico Gustavo Pittaluga. Este decidió componer un ballet sobre el tema. La obra, titulada *La romería de los cornudos*, con argumento del poeta y Rivas Cherif, recibió su primera audición sinfónica en 1930 y su primera representación, por la Compañía de Bailes Españoles, de Encarnación López Júlvez, *la Argentinita*, en 1933.

Volvemos sobre nuestros pasos y retomamos la N-432 en dirección a Granada. Pinos Puente está cerca. El puente califal merece una breve visita: dicen que fue aquí donde los mensajeros de Fernando e Isabel alcanzaron a Colón, que ya se marchaba alicaído de Santa Fe ante la inicial negativa de los monarcas a financiar su proyectado viaje de exploración.

Saliendo de Pinos, observamos dos antiguas fábricas de azúcar, con sus chimeneas. De una de ellas, la Nueva

Rosario, fue importante accionista el padre del poeta. Tres kilómetros más adelante, al pie de Sierra Elvira, sobrevive otra chimenea azucarera. Lleva el nombre de la fábrica, La Vega, y la fecha de su fundación: 1904. Parte de su maquinaria se ha instalado en Granada, a modo de monumento, al final del paseo de la Bomba, donde se inicia la carretera de la Sierra.

Paseo Nueve

Ruta de la pasión y muerte de Federico García Lorca

En el Paseo Cinco seguimos al poeta desde que salió de la Huerta de San Vicente hasta su detención por Ramón Ruiz Alonso, la tarde del 16 de agosto de 1936, en casa de los Rosales, su encarcelamiento en el Gobierno Civil y el momento en que le sacaron del edificio para llevarle al lugar de ejecución.

Lo más probable es que el coche de los esbirros del gobernador civil rebelde, José Valdés Guzmán, al llegar al final de la calle Duquesa, girase a la derecha y siguiese luego por la del Gran Capitán y su continuación, la de San Juan de Dios. Y que, tras cruzar la hoy avenida de la Constitución, subiese luego por la del Hospicio (con el Hospital Real a la izquierda) y la calle Real de Cartuja para emprender, más arriba, el camino de Jun y Alfacar.

Al poco de circular por el mismo (está señalizado) vemos, a la derecha, el monasterio de La Cartuja. Merece una pequeña visita pues ostenta una espléndida sacristía barroca, comentada en una postal de Lorca a su hermano hacia 1925: «Te mando esta tarjeta con este barroco oriental que tanto dice de Granada y de toda Andalucía. Es lo *último* grande» (*EC*, p. 308).

Pronto alcanzamos el barrio de La Cartuja, con sus altos bloques de pisos. Seguimos de frente hasta llegar a una glorieta desde la cual tiramos, a nuestra derecha, por una calle recta en medio de un descampado en el momento de escribir en proceso de urbanización, que se junta más arriba con la antigua carretera de Granada a Víznar (hoy cerrada en su arranque inicial).

La enfilamos. A nuestra derecha está el cauce del Beiro, el río fantasma mencionado antes. Después de varias curvas percibimos, al otro lado del valle, las chimeneas de la fábrica de pólvora de El Fargue, que tuvo un papel de gran relieve durante la Guerra Civil. Allí los rebeldes llevaron a cabo una brutal represión.

En unos cinco minutos cruzamos el puente sobre la A-92 y subimos la empinada cuesta que conduce a nuestra meta, Víznar, pueblo que, si antes pequeño, ha crecido mucho durante los últimos años, debido, en gran medida, a la autopista, que lo conecta en breves minutos con la capital.

En su placeta apreciamos, al lado de la iglesia, la entrada al palacio del arzobispo Moscoso y Peralta, terminado en 1795. El jardín inspiró un bello cuadro del pintor catalán Santiago Rusiñol, fervoroso amante de Granada, y el conjunto de iglesia y palacio ha sido declarado monumento nacional.

En el muro del palacio se puede leer todavía lo que queda de una pintada de antes de la guerra que decía, con letras rojas, «¡Viva Gil Robles!».

A los nueve días de estallar la sublevación los rebeldes se hicieron fuertes en Víznar y el palacio se convirtió en cuartel falangista al mando del joven capitán José Ma-

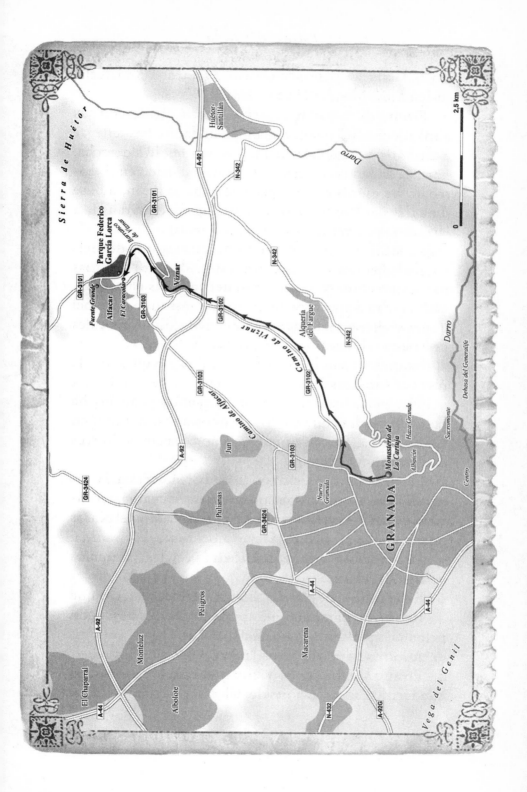

ría Nestares Cuéllar, «camisa vieja» de la organización dirigida por José Antonio Primo de Rivera.

Dentro del portal se conserva la placa que recuerda el papel del edificio durante la contienda. Reza: «En este Palacio de Víznar se estableció el cuartel de la primera Falange Española de Granada el 29 de julio de 1936. Dentro de sus muros creció hasta constituir la Primera Bandera y luego Primer Tercio de Falange Española Tradicionalista de Granada que en duros combates mantuvo la seguridad de nuestra capital contra el ímpetu marxista.»

De haber sido tan solo un puesto militar, Víznar apenas sería recordado hoy en relación con la Guerra Civil. Debe su fama al haber sido también lugar de exterminio donde cayeron abatidos muchos cientos de «rojos». Por este motivo los vecinos, amenazados y vigilados durante el franquismo por la Guardia Civil, nunca querían hablar con foráneos de lo ocurrido aquí.

Casi todos los días y noches, durante meses y meses, llegaban coches con su tanda de presos provinientes del Gobierno Civil o de otros pueblos de la comarca. Los fusilados de Víznar no solían proceder de la Prisión Provincial de la capital. Eran los desaparecidos, los muertos no oficiales —a diferencia de las víctimas matadas y enterradas en el cementerio de Granada—, de quienes las nuevas «autoridades» decían no tener noticias.

Los vehículos que venían desde la capital se detenían delante del palacio de Moscoso y Peralta para la entrega o el intercambio de papeles. Luego seguían cuesta arriba.

Rebasado el palacio se abre ante nuestra vista un magnífico panorama, con, allí abajo, la Vega y, enfrente de nosotros, la pelada Sierra Elvira.

Pronto, encima del pueblo, ganamos el camino que conduce a Alfacar. Unos ocho años después de la muerte de Franco, se colocó en este sitio un rótulo de cerámica proclamando que nos encontrábamos en la avenida de los Mártires. Fue rota al poco tiempo, hay que suponer que por «fachas» locales (los «mártires» de la guerra eran exclusivamente suyos, claro, no los inmolados del otro bando). Se volvió a poner, esta vez en bronce. Decía: «AVENIDA DE LOS MÁRTIRES. CON MOTIVO DEL HERMANAMIENTO ENTRE FUENTE VAQUEROS, VÍZNAR Y ALFACAR EN HOMENAJE AL POETA UNIVERSAL FEDERICO GARCÍA LORCA. 19 AGOSTO 1985.»

Ha desaparecido, o por lo menos en mi última visita no la pude localizar.

Cien metros más allá hay un espacio a la izquierda donde se puede aparcar (hay que hacerlo rápido y con ojo avizor porque la curva no permite ver si viene otro coche).

Inmediatamente debajo se hallan los restos de un viejo molino. Se trataba de un amplio caserón, Villa Concha, convertido por los rebeldes, nada más empezar la guerra, en improvisada cárcel. Antes había servido como albergue veraniego para grupos de niños granadinos, lo cual explica su apodo, «La Colonia». En julio de 1936 dejó de ser espacio de esparcimiento infantil para trocarse en antesala de la muerte.

Desde Granada los rebeldes trajeron a un grupo de masones, a los que se añadieron luego otros «indeseables», entre ellos varios catedráticos de la Universidad, para que trabajasen, a modo de castigo, como enterradores.

Tuve la inmensa suerte, en 1966, de conocer a uno de los masones y de conseguir su colaboración. Se llamaba Antonio Mendoza Lafuente. Me explicó con pelos y señales cómo funcionaba el sistema establecido en Víznar. Era una máquina de matar bien engrasada. Las víctimas eran encerradas en la planta baja hasta el momento del «paseo». Luego los verdugos —mezcla de guardias de Asalto y de voluntarios que mataban por el placer de matar— los llevaban al borde de las zanjas excavadas con antelación, donde caían tras su fusilamiento.

Muchos años después, ya llegada la democracia, aparecieron dos o tres fotos de La Colonia en las cuales, entre sus compañeros, aparece Mendoza Lafuente. Son documentos de un inmenso —y patético— valor histórico.[1]

Sabemos por varios testigos que Lorca pasó sus últimas horas en La Colonia. A su lado, además del maestro Dióscoro Galindo González, había dos banderilleros, Joaquín Arcollas Cabezas y Francisco Galadí Melgar, conocidos en Granada tanto por sus actuaciones en el ruedo como por ser cabecillas anarquistas. Poco antes de la sublevación habían montado un servicio de vigilancia frente a la puerta del comandante Valdés, en la calle de San Antón. Con razón de sobra sospechaban de aquel comisario de guerra, y se explica que, una vez en su poder, este decidiera quitarlos de en medio sin contemplaciones.

La noche de la llegada del poeta estaba de guardia un joven derechista de nombre José Jover Tripaldi. Tenía veintidós años. Fervoroso católico, solía informar a las víctimas que a la mañana siguiente serían enviados a trabajar en unas fortificaciones o una carretera. Pero luego, considerando que era su obligación cristiana, y al irse aproximando la hora del «paseo», les decía la terrible verdad, por si querían confesarse con el cura de Víznar, escribir unas últimas palabras a sus seres queridos o entregarle alguna prenda personal para los mismos.

1. Se reproduce en Penón (2009), pp. 587, 720 y 721.

Tripaldi —que murió en 1988 y está enterrado en el patio de Santiago del cementerio de Granada— me aseguró que Lorca quiso confesarse, pero que el cura ya se había ido, y que le ayudó a hacer acto de contrición rezando el «Yo, pecador», que el poeta dijo haber aprendido de su madre pero solo recordaba a medias.

Hace ya veinticinco años, expresé mi temor de que sobre los restos del molino se pudiera levantar pronto un chalé moderno, a la vista de la expansión urbanística de Víznar. Por suerte no fue el caso. El terreno fue comprado por la Junta de Andalucía y hace poco el actual alcalde (de Izquierda Unida) ha anunciado que el molino se va a reconstruir como museo y centro de interpretación de la Guerra Civil. Veremos si es así.

Movía el molino —y esperemos que un día lo vuelva a mover— la acequia árabe, del siglo XI, que sale de un manantial que luego veremos, la Fuente Grande. Se conoce como «La acequia de Alfacar» o «de Ainadamar». No me cabe la menor duda de que, al llegar a La Colonia, Lorca se enteraría de dónde estaba pues menciona la acequia, que alcanza hasta el Albaicín, en su conferencia sobre Soto de Rojas (III, 79). Es muy probable que, encerrado en el molino, y consciente de lo que le esperaba, escuchase su chapotear al pasar debajo del edificio.

Desde La Colonia el camino serpentea por el ancho valle. En unos pocos minutos hay una curva abrupta donde podemos aparcar otra vez. Abajo, al otro lado del camino, cruza la acequia por un estrecho acueducto. Enfrente sube una pendiente de arcilla donde crecen altos y tupidos pinos.

Este es el barranco de Víznar donde yacen los restos de los fusilados.

Por ser muy resbaladizo el terreno es peligroso intentar subir por aquí a pie. Mucho mejor seguir unos metros más adelante hasta donde arranca un fácil acceso creado por la Junta de Andalucía.

Señala el inicio del mismo un rótulo de la Junta parecido al colocado en el cementerio de Granada. Dice: «LUGAR DE MEMORIA HISTÓRICA DE ANDALUCÍA. CARRETERA VÍZNAR-ALFACAR.» Sigue una cita anónima: «En estos parajes dejaron sus vidas miles de granadinos y granadinas en la defensa de los valores democráticos de la Segunda República Española. Obreros, campesinos, intelectuales, artistas... mujeres y hombres que soñaron un mundo nuevo. Sea este espacio de recuerdo y homenaje de la lucha de un Pueblo...»

A su lado un plinto sencillo de piedra nos informa que nos hallamos en el «BARRANCO DE VÍZNAR».

Seguimos la vereda hacia arriba y no tardamos en llegar al escenario de la masacre. En mi última visita pude constatar con satisfacción que se indicaban los sitios exactos donde se acababan de efectuar catas arqueológicas provisionales para determinar la ubicación de las fosas. Se encontraron cinco en total (creo que hay bastantes más). Aparecieron restos óseos humanos con signos de violencia, casquillos e incluso algún arma de fuego. Se enviaron al Juzgado Número 2 de Granada. La respuesta: la Ley de Amnistía de 1977 impide que la justicia pueda actuar y se van a archivar las diligencias previas. Ya se sabe, España no ha tenido todavía la valentía de afrontar su holocausto. En el momento de escribir estos renglones se acaba de romper el pacto PSOE-Izquierda Unida que hizo posible que la Junta de Andalucía avanzara en la preparación de nueva legislación conducente a la exhumación de todas las víctimas del franquismo en la autonomía. ¿Qué pasará ahora? No se sabe. Hay que confiar, con todo, en que un día se sepa cuántas víctimas, con sus nombres, cayeron asesinadas por los sublevados granadinos en este apartado paraje.

La zona que se extiende a la derecha de la carretera de Víznar a Alfacar está ahora protegida, eso sí, dentro del Parque Nacional de la Sierra de Huétor. Algo es algo.

No había un solo pino en el barranco en 1936 ni en los alrededores, entonces totalmente desnudos de árboles. Tampoco en 1948, cuando Gerald Brenan vino aquí, ni cuando llegó Claude Couffon unos años después. El inglés se encontró con que «toda el área estaba salpicada de hoyos de poca profundidad y montículos, sobre cada uno de los cuales se había colocado una piedra pequeña». Para 1965, cuando estuve por vez primera, no quedaba ninguna piedra y los pinos ya estaban plantados. Política de reforestación del franquismo, de acuerdo, pero quizás, en el caso del barranco, también con el propósito, fallido, de enmascarar las fosas (e incluso de ayudar a destrozar los restos de los cadáveres).

En una visita reciente una pareja de pájaros carpinteros anidaba en uno de los pinos. Iba saltando por el suelo una ardilla roja y había muchas mariposas. Daba gusto ver cómo se ha logrado dignificar este lugar lleno de muertos inocentes. Leí con emoción las inscripciones y mensajes atornillados a los bloques de mármol procedentes de la célebre cantera de Sierra Elvira. Incluían una lista de mujeres de Víznar asesinadas, otra de obreros de la fábrica de pólvora de El Fargue, unas palabras en memoria de Salvador Vila Hernández, el catedrático de árabe de la Universidad de Granada traído desde Salamanca para ser despachado en este lugar, versos de Lorca...

La labor de los enterradores fue durísima. El masón Mendoza Lafuente me proporcionó una detallada descripción de su nauseabundo trabajo. Los cuerpos eran abandonados allí donde caían, y en más de una ocasión los encargados de darles sepultura encontraban entre ellos a amigos o conocidos suyos, incluso a parientes.

¿Y por qué se eligió este lugar, de tan difícil acceso, para la matanza? La respuesta es que había aquí ya unos pozos, abiertos años atrás en busca de agua. La tierra removida, todavía blanda, facilitaba el trabajo de abrir las fosas.

Al contrario de lo que se ha dicho muchas veces, Lorca y sus tres acompañantes no fueron abatidos en el barranco de Víznar sino más adelante por el camino de Alfacar.

Siguiendo por este unos segundos vemos, a nuestra derecha, lo que queda del proyectado campo de fútbol de Víznar, suprimido por la intervención de la Junta de Andalucía después de una airada protesta de la hermana del poeta, Isabel García Lorca.

Este lugar sirvió durante la guerra como campo de entrenamiento militar e incluso lo visitó entonces el general Queipo de Llano. Según la teoría del investigador Miguel Caballero, basándose en el libro de Eduardo Molina Fajardo, *Los últimos días de García Lorca* (1983), fue aquí, en el sitio llamado Peñón del Colorado, donde mataron al poeta y las otras tres víctimas de aquella madrugada, antes de tirarlos a unos antiguos pozos. Entre 2013 y los primeros meses de 2015 un equipo de profesionales orientados por Caballero, y con el apoyo de la Junta de Andalucía, llevó a cabo, sin éxito, un primer intento de localizar los pozos. Luego hubo otro, también infructuoso. No sé si habrá un tercero. Personalmente sigo creyendo que Lorca no está allí.

Dentro de unos momentos nos encontramos, a mano izquierda, con un edificio realmente ofensivo: «Apartamentos El Caracolar.» Levantado en los años cincuenta del pasado siglo en pleno campo, se llama así por ser «El Caracolar» el nombre popular de esta zona (debido a la cantidad de fósiles o «caracoles» que encierran sus rocas). Hay una teoría según la cual mataron a Lorca a la derecha de la carretera, poco antes del edificio llegando desde Víznar. No se han hecho catas allí, que sepa, pero tampoco me convence la tesis.

En frente de los apartamentos está el Parque Federico García Lorca, ubicado en el terreno en que, según las conclusiones de la comisión de investigación creada por la Diputación Provincial en 1981, fueron matados, al lado de un olivo, el poeta y sus tres compañeros de infortunio.

Presidía la Diputación entonces José Sánchez Faba, de la UCD (Unión de Centro Democrático). El parque fue inaugurado cinco años después, en abril de 1986, por su sucesor, Juan Hurtado, del PSOE.

No me gusta nada su entrada monumental ni tampoco le habría gustado, no lo dudo, al poeta. El proyecto ganador, elaborado por los jóvenes de Alfacar, era muy sencillo. Pero, ya sabemos, los políticos...

El olivo, al lado del cual creo que se llevó a cabo el crimen, existe todavía y está al fondo del parque, a la izquierda de la entrada. Un plinto colocado cerca recuerda no solo a Lorca sino, con magnanimidad, a todas las víctimas de la contienda.

Resumo aquí brevemente los resultados de mis investigaciones sobre el asesinato del poeta.

Fue el 18 de agosto de 1936 cuando, poco antes del amanecer, llegó el coche con el pequeño grupo de víctimas. Tal vez hubo otro vehículo. Parece comprobado que acompañaba a los ejecutores «oficiales» el compinche político de Ramón Ruiz Alonso, Juan Luis Trescastro, quien, al volver a la ciudad aquella mañana, se jactaría: «Acabamos de matar a García Lorca y yo le metí tres balas en el culo por maricón.» En otra ocasión confesaría (según el testimonio de su practicante): «Yo he sido uno de los que hemos sacado a García Lorca de la casa de los Rosales. Es que estábamos hartos ya de maricones en Granada.»

El masón Antonio Mendoza Lafuente me aseguró en 1966 que, entre los que fusilaban en Víznar, se encontraba un tal Benavides. Miguel Caballero ha descubierto que se trataba del guardia de Asalto Antonio Benavides Benavides, pariente lejano del poeta. También ha investigado el currículum de otros que participaron aquella madrugada en la eliminación del poeta y sus tres acompañantes (*Las últimas trece horas de la vida de García Lorca*, pp. 176-207).

Los enterró, lo sigo creyendo, un joven de diecisiete años de nombre Manuel Castilla Blanco, conocido como «Manolo el comunista» por su pertenencia a un sindicato de izquierdas. Le protegía el capitán Nestares, que era amigo de su familia. Cuando me acompañó hasta aquí en 1966, con la debida cautela —la Guardia Civil vigilaba la zona—, me contó que reconoció aquella mañana a los banderilleros Galadí Melgar y Arcollas Cabezas, pero no a los otros dos muertos. Uno de estos tenía una pierna de madera, lo cual le llamó mucho la atención. Al volver a La Colonia le dijeron que se trataba de un tal Dióscoro, maestro de un pueblo cercano. Y, en cuanto al otro, del poeta Federico García Lorca.

Unos días después el músico Ángel Barrios, que estaba pasando el verano en Víznar cuando empezó la guerra, se enteró de que acababan de matar por esta zona a Federico. Hizo unas prudentes pesquisas y vino aquí con el necesario sigilo. Descubrió que había un olor asqueroso a putrefacción. Por lo visto se había arrojado cal sobre la fosa. Esta información me la transmitió su hija, Ángela, y me parece que tiene visos de ser fidedigna.

Diez años antes de acompañarme al olivo Castilla Blanco había llevado exactamente al mismo lugar al investigador Agustín Penón.

Volví con él al sitio en 1978, tres años después de la muerte de Franco y ya sin miedo a que nos detuviera la Guardia Civil. Se ratificó en todo lo que me había dicho en relación con la ubicación de la fosa. Le grabé sus declaraciones, que se pueden escuchar en mi archivo del Museo-Casa Natal del poeta en Fuente Vaqueros. No le cabía la menor duda de haber enterrado a las víctimas cerca del olivo.

Castilla Blanco murió en 1995 y recibió sepultura en el cementerio de Granada.

Entre septiembre y diciembre de 2009 la Asociación Granadina para la Recuperación de la Memoria Histórica buscó en el parque, sin éxito, los restos de los cuatro fusilados, con una subvención de la Junta de Andalucía. Se había cometido el tremendo error de no ampliar, antes de empezar, la zona de rastreo alrededor del olivo.

Y algo mucho más grave. El olivo se encuentra en la linde misma del parque, a dos metros de una gruesa y fea zanja de cemento construida para encauzar la «barranquilla» —así la llamaba Castilla Blanco— por donde corría el agua en época de lluvias. Cuando se vallaba el recinto, en 1986, para proceder a la inauguración del espacio, se encontraron restos humanos justo donde está ahora la zanja, o muy cerca. Restos que estorbaban las obras de vallado y que se llevaron en sacos a otro rincón dentro del parque. ¿O es que fueron mentira o puro invento las declaraciones en este sentido, hechas veintidós años después, por quien, en 1986, era vicepresidente segundo de la Diputación Provincial, el socialista Antonio Ernesto Molina Linares? Se publicaron en el diario granadino *Ideal* el 20 de octubre de 2008, o sea exactamente un año antes de que empezara la búsqueda de los fusilados. Y lo más increíble, no fueron tenidas en cuenta en el informe previo de la Asociación Granadina para la Recuperación de la Memoria Histórica que sirvió para que la Junta financiara, con dinero público, la luego fracasada operación, comentada en toda la prensa nacional e internacional.

Las declaraciones de Molina Linares se dieron a conocer en *Ideal* bajo el titular: «LA DIPUTACIÓN MOVIÓ HUESOS EN LA ZONA DONDE FUE FUSILADO LORCA AL HACER EL PARQUE EN 1986.» Según el ex vicepresidente segundo, «la decisión que se tomó fue la de trasladar los huesos a otro lugar». Dentro del parque, precisó, en una localización «bien controlada» para que en el futuro pudiesen ser exhumados.

Lo que tenía que haber hecho la Diputación Provincial era informar inmediatamente al juez del hallazgo de aquellos restos. No lo hizo. Y, al no hacerlo, delinquió.

Desde entonces Molina Linares se ha negado a añadir una palabra más en relación con tan turbio asunto. El PSOE no ha dicho ni pío al respecto, no ha habido investigación alguna, nadie ha pedido cuentas, nadie quiere hablar. Es vergonzoso. El Partido Popular tampoco se ha pronunciado (claro, no le interesa para nada que se encuentren los huesos del poeta). Es evidente que hay un contubernio de silencio lamentable en torno, y no ha ayudado nada la actitud de la familia de Lorca, unida como una piña para dificultar la búsqueda de sus restos.

Y en este punto un dato fundamental. Resulta que el jefe de la familia, Manuel Fernández-Montesinos García, sobrino del poeta fallecido en enero de 2013, *fue padrino de la hija de Antonio Ernesto Molina Linares*. Hay que suponer, por ello, que además de ser compañeros políticos del PSOE —Fernández-Montesinos fue diputado por Granada— eran amigos íntimos. Con lo cual cabe suponer también que, al aparecer los restos cerca del olivo, se enteraría Fernández-Montesinos en seguida de lo ocurrido.

Al publicarse las escandalosas declaraciones de Molina Linares no hay constancia de que nadie le pidiera a Fernández-Montesinos que las comentara. No lo hice yo porque entonces las desconocía.

Añadiré que —puede ser un bulo— ha habido una revelación más reciente en relación con la fosa. Y es que, según uno de los obreros que trabajaban en la construcción del parque, encontraron con los huesos una muleta. Muleta que solo podía haber pertenecido al maestro Dióscoro Galindo González.[2]

Un día, si hay decencia, se formará una nueva comisión para reabrir todo el caso y proceder a una búsqueda más coherente. Primero al otro extremo del parque, donde se extiende un inmenso surtidor circular tan incongruente como la entrada al recinto. Hay indicios de que pudiesen haber sido depositados allí los despojos del poeta y las demás víctimas encontrados cerca del olivo. Si no aparecen habrá que buscar en toda esta zona y, en última instancia, volver al olivo e investigar justo al otro

2. Federico Molina Fajardo, *García Lorca y Víznar*, p. 219.

lado de la zanja e incluso debajo, o sea en el borde del pinar donde, según testimonios procedentes de Alfacar, hubo entierros. Entierros que la plantación intentaba con toda probabilidad enmascarar.

Cada año hay en el parque, en torno al 17-18 de agosto, un concierto en memoria del poeta organizado por la presidencia de la Diputación Provincial y del Patronato Cultural Federico García Lorca. La anterior Diputación, del Partido Popular, ideó, como lema para sus actividades lorquianas, el de «FEDERICO VIVE». Eso cuando lo mataron sus antepasados, «la peor burguesía de España» en palabras de Lorca, y ellos no hicieron nada para recuperar sus restos (por las mismas fechas se improvisa cada año un homenaje alternativo, lejos de toda oficialidad, en el barranco de Víznar).

Unos doscientos metros más adelante, a nuestra izquierda, nos encontramos con la Fuente Grande.

Tiene una historia fascinante. Los musulmanes granadinos, intrigados por las burbujas que subían sin parar a su superficie —y que lo siguen haciendo, aunque con menos fuerza que antes— la llamaron Ainadamar, topónimo árabe que significa «La Fuente de las Lágrimas». Construyeron la acequia que hemos visto para llevar el agua a la ciudad. Después de pasar por los restos de La Colonia y por Víznar baja a El Fargue y llega finalmente al Albaicín, donde hasta no hace mucho todavía servía para regar las flores.

Los árabes admiraban la belleza de los alrededores del manantial y levantaron por aquí palacios veraniegos de los cuales no queda rastro (quizá debido a un terremoto). Sí han sobrevivido, en cambio, varias composiciones que cantaban las excelencias del sitio, entre ellas una del poeta Abū-l-Barakāt al Balafīqī, que murió en el año 1372. La traducción es de mi amigo, el arabista James Dickie:

> *¿Es mi alejamiento de Ainadamar, que me detiene el pulso de la sangre, lo que hace brotar un chorro de lágrimas del fondo de mis ojos?*
>
> *Sus aguas gimen con la tristeza de aquel que, esclavo del amor, ha perdido su corazón.*
>
> *A su orilla entonan los pájaros melodías comparables a las del mismo Mosuli,[3] recordándome el remoto pasado en el que entré en mi juventud.*
>
> *Y las lunas del lugar,[4] bellas como José, harían abandonar su fe a cualquier musulmán por la del amor.*

Andrea Navagero visitó el manantial durante su estancia en la Granada de 1526, o por lo menos obtuvo unos datos acerca del mismo, apuntando que no solo era «grande» sino «hermoso» y que su linfa, «muy singular y saludable», era disfrutada por «casi todos los moriscos que guardan su costumbre de alimentarse de frutos y no beber sino agua» (p. 50).

Seiscientos años después de compuestos los versos citados el «ojo» de la fuente sigue llorando cerca del paraje donde mataron y tiraron a una fosa común al poeta granadino más universal de todos los tiempos.

Al final de *Mariana Pineda*, mientras la heroína espera en el Beaterio de Santa María Egipciaca a quienes la van a llevar al patíbulo, se oye tocar una guitarra en el

---

3. Se refiere a Isḥāq al-Mawsilī (o de Mosul), el más famoso de los músicos árabes.

4. Es decir, las mujeres de Ainadamar.

jardín y una voz anónima entona una copla premonitoria que luego repite ella:

> A la vera del agua,
> sin que nadie la viera,
> se murió mi esperanza.   (II, 158)

¿Se dio cuenta Lorca aquella madrugada de que lo iban a matar casi al lado de un manantial cantado siglos atrás por los poetas árabes de su tierra? Muchas veces me lo he preguntado. Quiero creer que sí.

También me he preguntado muchas veces si en aquellos momentos pensaría en Mariana, en el escalofriante paralelismo que se establecía entre su muerte y la que ahora le iba a tocar a él.

No tuvo ni el consuelo de ver la luna antes de morir —él, que era poeta lunar— toda vez que, según me aseguraron en su momento desde el Observatorio de Greenwich, se había puesto antes de las dos de la madrugada.

Para 1937 ya era vox pópuli en la Andalucía franquista que a Lorca lo habían matado en las proximidades de un lugar granadino llamado Fuente Grande. Lo demuestra el libro *Siete romances* de su amigo Joaquín Romero Murube, publicado privadamente aquel año en Sevilla —¡la Sevilla del general traidor Queipo de Llano!— que contiene una emocionante dedicatoria: «A ti, en Vizna [sic], cerca de la Fuente Grande, hecha ya tierra y rumor de agua eterna y oculta.»

Indicaciones prácticas

Cada paseo va acompañado de un plano del recorrido propuesto.

Paseo Uno. «Alhambra, jazmín de pena donde la luna reposa» (la Alhambra y el Generalife)

Puntos de interés: Puerta de las Granadas, Bosque de la Alhambra, Pilar de Carlos V, Puerta de la Justicia, Cubo de la Alhambra, Torre de la Vela, Generalife, Alhambra.
Duración aproximada: para recorrer los lugares descritos en este capítulo se necesitan aproximadamente tres horas. Si no hay fuerzas para subir caminando, es fácil llegar al aparcamiento de la Alhambra en coche particular por el acceso desde la circunvalación de Granada o la carretera de la Sierra. También se puede subir al recinto en taxi, minibús o tren turístico.

Billetes para la Alhambra:
Hay dos modalidades: *billete de mañana* (08:30 a 14:00 horas) y *billete de tarde* (14:00 a 18:00 / 20:00 ho-

ras). Una vez adquirido el billete, donde consta la hora exacta e irreversible para el acceso a los palacios nazaríes (situado al lado del palacio de Carlos V), el visitante puede discurrir todo el tiempo que quiera por los jardines del Generalife y de la Alhambra, penetrar en el Partal y la Alcazaba (con la Torre de la Vela) e incluso salir del recinto y volver a entrar.

En el momento de publicarse este libro se pueden conseguir entradas a la Alhambra de varias maneras. Se recomienda encarecidamente que, para evitar decepciones, se saquen con la mayor antelación posible dada la enorme afluencia al monumento a lo largo de todo el año. Ello, además, permite reservar para las horas deseadas y no las impuestas por la situación imperante.

1. El mismo día de la visita, si quedan entradas, se pueden adquirir en las taquillas ubicadas en el pabellón de acceso al recinto, situadas al lado del aparcamiento de coches, pagando con tarjeta o en metálico. Antes de la apertura de las taquillas (08:00 h) suelen formarse colas, por lo cual es prudente acudir temprano.

2. También pueden comprarse las entradas el mismo día de la visita, si quedan, en los aparatos Ticketmaster instalados después de la librería situada al lado del pabellón de acceso al recinto. Solo con tarjeta.

3. Se pueden comprar con antelación (1-3 meses) en la Tienda Librería de la Alhambra (c/ Reyes Católicos, 40, semiesquina con la plaza de Isabel la Católica. Tel.: 958 228 244) y en la Tienda Librería de la Alhambra ubicada dentro del palacio de Carlos V

(Tel.: 958 225 850). Ambas tiendas regalan una excelente «Guía de Visita» de la Alhambra y el Generalife que incluye un plano muy bueno. Sitio web: <www.alhambratienda.es>.

4. Se pueden comprar con antelación (1-3 meses) por Internet en <www.ticketmaster.es>. Se recogen el mismo día de la visita en los aparatos Ticketmaster instalados después de la librería situada al lado del pabellón de acceso al recinto.

5. Se pueden comprar con antelación (1-3 meses) por teléfono llamando desde España al 902 888 001 y desde el extranjero al (34) 934 923 750. Se recogen el día de la visita en los aparatos Ticketmaster instalados después de la librería situada al lado del pabellón de acceso al recinto.

6. En una agencia de viajes autorizada.

Librerías: Se recomiendan las tres Tiendas Librerías de la Alhambra, situadas respectivamente en la calle Reyes Católicos, número 40; dentro del palacio de Carlos V; y al lado del pabellón de acceso al recinto. Suelen tener una amplia selección de libros sobre Granada además de ediciones de las obras de Lorca y estudios sobre el poeta. También venden objetos de regalo y *souvenirs*.

Paseo Dos. Deambulando por la Colina Roja

Puntos de interés: Alrededores de la Alhambra, Hotel Alhambra Palace, Carmen de Falla, Carmen de Los Mártires, Cementerio de San José, Cuesta de los Chinos, Fuente del Avellano.

Duración aproximada: para este paseo se necesitan tres horas andando (se puede subir en coche al cementerio y al aparcamiento de la Alhambra desde la circunvalación de Granada o la carretera de la Sierra, pero la empinada Cuesta de Gomérez solo es peatonal).

Paseo Tres. Por el corazón de Granada

Puntos de interés: Puerta Real, «El Suizo», Acera del Darro, el Darro y el Genil, paseo de la Bomba, Carrera de la Virgen, «El Rinconcillo», plaza de Mariana Pineda, Acera del Casino.
Duración aproximada: una hora a pie.

Paseo Cuatro. «Estudiante empieza con E»

Puntos de interés: Escuelas y Universidad, plaza de Bib-Rambla, Centro Federico García Lorca (si se ha inaugurado), Arco de Elvira, Gran Vía y Catedral.
Duración aproxima: dos horas a pie.

Paseo Cinco. «El dolor o la muerte me cercan la casita» (Huerta de San Vicente)

Puntos de interés: Puerta Real, casa de Mariana Pineda, Huerta de San Vicente, casa de los Rosales, Gobierno Civil.
Duración aproximada: dos horas a pie.
Se recomienda consultar el calendario y los horarios de visita para la Huerta de San Vicente:

HUERTA DE SAN VICENTE
C/ Virgen Blanca, s/n, 18004-Granada
Tel.: 958 258 466
www.huertadesanvicente.com
info@huertadesanvicente.com

Paseo Seis. La ciudad de los cármenes (Albaicín)

Puntos de interés: Plaza de Isabel la Católica, Plaza Nueva, Carrera del Darro, subida hasta el mirador de San Nicolás, plaza de San Miguel Bajo.
Duración aproximada: unas dos horas a pie.
Para regresar al centro de Granada existen minibús y tren turístico que salen de la plaza de San Miguel Bajo.

Paseo Siete. San Miguel, patrón gay de Granada

Puntos de interés: Paseo de los Tristes, Sacromonte y la iglesia de San Miguel Alto.
Duración aproximada: dos horas y media.
Lo ideal es hacer todo el paseo a pie, pero es bastante camino y la subida tanto a la abadía del Sacromonte como a San Miguel Alto es empinada. En ambos casos se puede llegar en coche (recomiendo el taxi). Merece la pena llevar un ejemplar del *Romancero gitano*, para poder leer *in situ* el poema dedicado al arcángel.

Paseo Ocho. Por los pueblos del poeta. La Vega de Granada... y Moclín

Puntos de interés: Santa Fe, Fuente Vaqueros (Museo-Casa Natal Federico García Lorca), Valderrubio (Casa-Museo Federico García Lorca y, si ya se ha abierto al público, la casa de Frasquita Alba), Moclín.

Distancia a recorrer: unos 100 kilómetros.

Duración aproximada: cinco horas en coche (una menos si no se visita Moclín).

Lectura previa recomendada: Lorca, *Mi pueblo* y *La casa de Bernarda Alba*.

Antes de dirigirse a sendas casas del poeta en Fuente Vaqueros y Valderrubio es aconsejable comprobar el horario de visitas y, en su caso, reservar. Hay autobús desde Granada a ambos pueblos.

MUSEO-CASA NATAL DE FUENTE VAQUEROS
C/ Poeta Federico García Lorca, 4, Fuente Vaqueros, 18340 (Granada).
Información y reservas: tel.: 958 516 453
casamuseolorca@dipgra.es

CASA-MUSEO FEDERICO GARCIA LORCA,
VALDERRUBIO
C/ Iglesia, 20, 18250 Valderrubio (Granada)
Información y reservas: tel.: 958 45 42 17
www.museolorcavalderrubio.com
info@museolorcavaldeerrubio.com

MOCLÍN Y LA ROMERÍA DEL CRISTO DEL PAÑO
En Internet hay muchas información sobre el pueblo y la famosa romería que inspiró *Yerma*.

Para dar una vuelta completa a la Vega, el deseoso de una segunda excursión puede seguir todo recto por la N-342 después de Santa Fe. Unos cuatro o cinco kilómetros más adelante, rebasada la indicación a Chauchina y Fuente Vaqueros, se ve a mano derecha, allí abajo, el pueblo de Romilla y la torre árabe que tanto miedo le daba al Federico niño (la «Torre de Roma»). Se abandona la autopista donde se indica, unos kilómetros más adelante, Láchar. Es el pueblo natal de Dolores, «la Mae Santa», una de las criadas de la familia que más le encantaba al poeta. Tiene un castillo estrafalario, que pertenecía al emprendedor duque de San Pedro Galatino.

No tardamos en alcanzar Valderrubio, dejando atrás el maravilloso cortijo de Daimuz. Enfilamos, como antes, la carretera de Íllora y, torciendo a la derecha, después del cementerio, volvemos a Granada por la N-432. Se puede hacer todo el recorrido en una hora. Brinda unas vistas inolvidables y da una idea bastante completa de la Vega.

Paseo Nueve. Ruta de la pasión y muerte de Federico García Lorca

Puntos de interés: Casa de los Rosales, Gobierno Civil, restos de La Colonia de Víznar, el barranco de Víznar, Parque Federico García Lorca en Alfacar, la Fuente Grande (Ainadamar).

Duración aproximada: unas dos horas y media, en coche (son unos 20 kilómetros).

Bibliografía

Adams, Mildred, *García Lorca. Playwright and Poet*, George Braziller, Nueva York, 1977.

Álbum. Huerta de San Vicente. Junio de 2014-julio de 2015 (catálogo), edición y textos de Jesús Ortega, Granada, 2015.

Andersen, Hans Christian, *Viaje por España* [1863], traducción, notas y epílogo de Marisa Rey, Alianza Editorial, Madrid, 1988.

Ángel Barrios. Creatividad en la Alhambra (catálogo), Patronato de la Alhambra y Generalife, Granada, 2014.

Asín Palacios, Miguel, *Contribución a la toponimia árabe de España*, Consejo Superior de Investigaciones Científicas, etc., Madrid-Granada, 2.ª ed., 1944.

Auclair, Marcelle, *Enfances et mort de Garcia Lorca*, Seuil, París, 1969.

Brenan, Gerald, *Al sur de Granada*, Siglo XXI, Madrid, 8.ª ed., 1983.

Caballero, Miguel y Pilar Góngora Ayala, *La verdad sobre el asesinato de García Lorca. Historia de una familia*. Prólogo de Ian Gibson. Ibersaf, Madrid, 2007.

Incluye un DVD del documental de Emilio Ruiz Barrachina (véase abajo), *El mar deja de moverse*.

Caballero, Miguel, *Las trece últimas horas en la vida de García Lorca: el informe que da respuesta a todas las incógnitas sobre la muerte del poeta*, La Esfera de los Libros, Madrid, 2011.

Carlos V y la Alhambra (catálogo), Junta de Andalucía y Patronato de la Alhambra, Granada, 2000.

Castillo, José Miguel, *Guía ilustrada de Granada*, Excmo. Ayuntamiento de Granada, 1985.

Cervera Vera, Luis, *La fábrica y ornamentación del Pilar de Carlos V en la Alhambra granadina*, Patrimonio de la Alhambra y Generalife, Granada, 1987.

Couffon, Claude, *À Grenade sur les pas de García Lorca*, Seghers, París, 1962.

—, *Granada y García Lorca*, Losada, Buenos Aires, 1967.

Chateaubriand, François-René de, *Les Aventures du Dernier Abencérage* [con *Atala* y *René*], Classiques Garnier, París, 1962.

Darío, Rubén, *Tierras solares* (1904), en *Obras completas* (Afrodisio Aguado, Madrid, 5 tomos, 1950-1953), III, pp. 847-978.

Federico García Lorca y Granada (catálogo), Centro Cultural Gran Capitán, Granada, 23 de octubre al 29 de noviembre de 1998.

Fernández Castro, José, «Granada», en *El sentido estético del amor*, Rumbo, Madrid, 1953.

Ford, Richard, *Manual para viajeros por Andalucía y lectores en casa. Granada, Ronda, Gibraltar, Málaga, Jaén, Almería*, traducción de Jesús Pardo, revisada por Bernardo Fernández, Turner, Madrid, 2.ª ed., 1981, pp. 92-164.

Gallego Burín, Antonio, *Granada, guía artística e histórica de la ciudad* [1946], edición actualizada por Francisco Javier Gallego Roca, Comares, Granada, 1987.

—, prólogo [1955] a Ángel Ganivet, *Granada la bella*, Miguel Sánchez, Editor, Granada, 1993, pp. 7-39 (véase abajo).

gallo, edición facsímil de los dos números de la revista vanguardista publicada en Granada por Lorca y sus amigos en 1928. Reproduce además el único número de *Pavo* y otros varios documentos relacionados con ambas revistas, Comares, Granada, 1988.

Ganivet, Ángel, *Obras completas*, Aguilar, Madrid, 2 tomos, 1962.

—, *Los trabajos del infatigable creador Pío Cid*, en *Obras completas*, ibíd., I, pp. 7-575.

—, *Granada la bella* [1896], prólogo de Antonio Gallego Burín, Miguel Sánchez, Granada, 1993.

García Lorca, Federico, *Granada, paraíso cerrado y otras páginas granadinas,* edición, introducción y notas de Enrique Martínez López, Miguel Sánchez, Granada, 1971.

—, *Epistolario completo*, al cuidado de Andrew A. Anderson y Christopher Maurer, Cátedra, Madrid, («Crítica y Estudios Literarios»), 1997. Sigla en las notas: *EC*.

—, *Obras completas,* edición de Miguel García-Posada, Galaxia Gutenberg/Círculo de Lectores, Barcelona, 4 tomos, 1996. Siglas: I, II, III, IV.

García Lorca, Francisco, *Federico y su mundo*, Alianza, Madrid, 2.ª ed., 1981 (con índice onomástico, ausente en la primera edición).

García Lorca, Isabel, *Recuerdos míos*, edición de Ana

Gurruchaga, prólogo de Claudio Guillén, Tusquets, Barcelona, 2002.

Gautier, Théophile, *Voyage en Espagne*, Charpentier, París, 1899.

Gibson, Ian, *El asesinato de Federico García Lorca*, Punto de Lectura, Madrid, 2005.

—, *El hombre que detuvo a García Lorca. Ramón Ruiz Alonso y la muerte del poeta*, Aguilar, Madrid, 2007.

—, *La fosa de Lorca. Crónica de un despropósito*, Alcalá Grupo Editorial, Alcalá la Real, 2010.

—, *Federico García Lorca*, Crítica, Barcelona, 2011.

—, *Luis Buñuel, la forja de un cineasta universal*, Aguilar, Madrid, 2013.

Hammick, Horace H., *The Duke of Wellington's Spanish Estate. A Personal Narrative*, Spottiswoode & Co., Londres, 1885. Hay una reimpresión reciente (Londres, British Library, Historical Print Editions, 2011).

Higuera Rojas, Eulalia-Dolores de la, *Mujeres en la vida de García Lorca*, Editora Nacional y Granada, Diputación Provincial, Madrid, 1980.

Hugo, Victor, *Oeuvres poétiques*, Gallimard, París (Bibliothèque de la Pléiade), dos tomos, 1967-1968.

Irving, Washington, *Cuentos de la Alhambra*, traducción, prólogo y notas de Ricardo Villa-Real, introducción de Andrés Soria, Miguel Sánchez, Editor, Granada, 1980.

Izquierdo, Francisco, *Guía secreta de Granada*, Al-Borak, Madrid, 1977.

Jiménez, Juan Ramón, *Olvidos de Granada*, Padre Suárez, Granada, 1969.

Libro de Granada, Comares, Granada, 1997. Facsímil de la primera edición, Imp. Lit. Vda. e Hijos de P.V.

Sabatel, Granada, 1899. Textos de Ángel Ganivet, Gabriel Ruiz de Almodóvar, Matías Méndez Vellido y Nicolás María López. Una joya por contextualizar el ambiente literario de Granada a los pocos meses del nacimiento de García Lorca.

Martín, Eutimio, *Federico García Lorca, heterodoxo y mártir. Análisis y proyección de la obra juvenil inédita*, Siglo XXI, Madrid, 1986.

—, *El 5º Evangelio. La proyección de Cristo en Federico García Lorca*, Aguilar, Madrid, 2013.

Martín Recuerda, José, *Análisis de «Doña Rosita la soltera o El lenguage de las flores» (de Federico García Lorca), tragedia sin sangre*, Ediciones de la Universidad de Salamanca, Salamanca, 1979.

Martínez López, Emilio, «Federico García Lorca, poeta granadino», en García Lorca, *Granada, paraíso cerrado y otras páginas granadinas,* edición, introducción y notas de Enrique Martínez López, Miguel Sánchez, Granada, 1971, pp. 15-69.

Martínez Sierra, María, *Gregorio y yo*, Grijalbo, México, 1953.

Mitchell, David, *Here in Spain*, Lookout Publications, Fuengirola, 1988.

Molina Fajardo, Eduardo, *Manuel de Falla y el «cante jondo»*, Universidad de Granada, Granada, 1962.

—, *Los últimos días de García Lorca*, Plaza y Janés, Barcelona, 1983.

Molina Fajardo, Federico, *García Lorca y Víznar. Memorias del general Nestares*, Ultramarina, Granada, 2012.

Mora Guarnido, José, *Federico García Lorca y su mundo*, Losada, Buenos Aires, 1958; edición facsimilar, con prólogo de Mario Hernández, Fundación Caja de

Granada (Biblioteca de Ensayo), Granada, 1998 (se agradece la adición de un índice onomástico).

Münzer, Jerónimo, *Viaje por España y Portugal. Reino de Granada* [1494], Ediciones Tat, Granada, 1987.

Murciano, José, «En el Centro Artístico. Ismael. Federico García Lorca», *El eco del aula*, Granada, 27 de marzo de 1918, p. 5.

Navagero, Andrés, *Viaje por España (1524-1526)*, Turner, Madrid, 1983.

Orozco Díaz, Manuel, *Falla, biografía ilustrada*, Destino, Barcelona, 1968.

Nicholson, Helen, *Death in the Morning*, Loval Dickson, Londres, 1937.

Pahissa, Jaime, *Vida y obra de Manuel de Falla*, Ricordi Americana, Buenos Aires, nueva edición ampliada, 1956.

Penón, Agustín, *Diario de una búsqueda lorquiana (1955-56)*, edición a cargo de Ian Gibson, Plaza y Janés, Barcelona, 1990.

—, *Miedo, olvido y fantasía. Agustín Penón. Crónica de su investigación sobre Federico García Lorca (1955-1956)*, edición de Marta Osorio, Comares, Granada, 2001; *Miedo, olvido y fantasía. Crónica de la investigación de Agustín Penón sobre Federico García Lorca (1955-1956)*, edición de Marta Osorio, Comares, Granada, 2.ª ed., 2009 [con índice onomástico, ausente en la primera edición de 2000].

Pérez Coterillo, Moisés, «En Galicia con E. Blanco-Amor y al fondo... Lorca», *Reseña*, Madrid, núm. 73 (1974), pp. 14-18.

Pérez de Hita, Ginés, *Guerras civiles de Granada*, Atlas (Biblioteca de Autores Españoles), Madrid, 1975, pp. 33-694.

Pozo, Gabriel, *Lorca el último paseo*, Ultramarina, Granada, 2009.

Ramos Espejo, Antonio, «En Valderrubio, Granada. "La casa de Bernarda Alba"», *Triunfo*, Madrid, febrero de 1981, pp. 58-63.

—, *Herido por el agua. García Lorca y la Alhambra*, prólogo de Rafael Valencia, Jaén, Junta de Andalucía / Tinta Blanca Editor (La Biblioteca de la Alhambra, Colección Plural), 2012.

Rivas Cherif, Cipriano, «Poesía y drama del gran Federico. La muerte y la pasión de García Lorca», *Excelsior* («Diorama de la Cultura»), México, 27 de enero de 1957, p. 3.

Robertson, Ian, *Los curiosos impertinentes. Viajeros ingleses por España desde la accesión de Carlos III hasta 1855*, Serbal/CSIC, Madrid, 1988.

Rodrigo, Antonina, *Memoria de Granada: Manuel Ángeles Ortiz, Federico García Lorca*, Plaza & Janés, Barcelona, 1984; Diputación Provincial de Granada, Patronato Cultural Federico García Lorca, 1993.

Rosales, Luis, *El contenido del corazón*, Centro Iberoamericano de Cooperación, Madrid, 2.ª ed., 1978.

Schonberg, Jean-Louis, *Federico García Lorca. El hombre-la obra*, Compañía General de Ediciones, México, 1959.

Seco de Lucena [y Escalada], Luis, *Plano de Granada árabe*, Granada, *El Defensor de Granada*, 1910. Reproducción facsímil, Editorial Don Quijote, Granada, 1982.

—, *Anuario de Granada*, Tip. *El Defensor de Granada*, 1917.

Seco de Lucena [Paredes], Luis, *Topónimos árabes identificados* [se sobreentiende granadinos], Universidad de Granada, Granada, 1984.

Soto de Rojas, Pedro, *Paraíso cerrado para muchos, jardines abiertos para pocos* y *Los fragmentos de Adonis*, edición de Aurora Egido, Cátedra, Madrid, 1981.

Surroca Grau, José, *Granada y sus costumbres. 1911*, Tip. de «El Pueblo», Granada, 1912.

Trend, J. B., *A Picture of Modern Spain, Men and Music*, Constable, Londres, 1921.

Villaespesa, Francisco, *El alcázar de las perlas*, Renacimiento, Madrid, 1912.

Índice de nombres, lugares, publicaciones y obras de Lorca citadas o aludidas

Índice

OTROS TÍTULOS

MITOS DE LA GUERRA CIVIL ESPAÑOLA

Mario Amorós

Por el autor de *Allende, la biografía*, y a raíz de una conversación grabada de 27 horas con el historiador y diplomático Ángel Viñas, Mario Amorós nos ofrece un libro de pregunta respuesta sobre los mitos y falacias de la guerra civil española: la traición de las democracias a la República, el decisivo apoyo de las potencias fascistas a Franco, los sucesos de mayo de 1937, etc.

La publicación fue prevista con el objetivo de salir antes del 75° aniversario del fin de la guerra, el 1 de abril de 2014.

LOS ÚLTIMOS ESPAÑOLES DE MAUTHAUSEN

Carlos Hernández de Miguel

En este libro se habla de víctimas y de verdugos. Los últimos españoles supervivientes de los campos de exterminio nazis nos recuerdan su sufrimiento y la forma en que perdieron a miles de compañeros a manos de los siniestros miembros de las SS. Sus palabras nos llevan a un mundo de torturas inimaginables, pero también de dignidad, solidaridad y resistencia.

Esta es la historia de esos hombres y mujeres que sobrevivieron o murieron entre las alambradas de Mauthausen, Buchenwald, Ravensbrück o Dachau. Y es también la crónica periodística que denuncia a los políticos, militares, empresarios y naciones que hicieron posible que más de nueve mil españoles fueran deportados a los campos de la muerte.